西安石油大学优秀学术著作出版基金资助
西安石油大学能源项目管理与创新战略智库资助
西安石油大学土木工程学院资助
陕西省教育厅专项"陕西省农村基础设施建设协调发展研究"（17JK0588）资助
西安石油大学博士科研启动资金项目"陕西省新型城镇化建设绿色建筑评价标准
优化研究"（2016BS30）资助

冶金工业项目绿色建造
与成本风险管理

尹志国　著

中国金融出版社

责任编辑：赵晨子
责任校对：潘　洁
责任印制：丁淮宾

图书在版编目（CIP）数据

冶金工业项目绿色建造与成本风险管理/尹志国著．—北京：中国金融出版社，2022.11
ISBN 978 - 7 - 5220 - 1727 - 3

Ⅰ.①冶…　Ⅱ.①尹…　Ⅲ.①冶金工业—绿色经济—项目管理—研究—中国②冶金工业—工业企业管理—成本管理—风险管理—研究—中国　Ⅳ.①F426.3

中国版本图书馆 CIP 数据核字（2022）第 148271 号

冶金工业项目绿色建造与成本风险管理
YEJIN GONGYE XIANGMU LÜSE JIANZAO YU CHENGBEN FENGXIAN GUANLI
出版
发行　中国金融出版社

社址　北京市丰台区益泽路 2 号
市场开发部　（010）66024766，63805472，63439533（传真）
网 上 书 店　www.cfph.cn
　　　　　　（010）66024766，63372837（传真）
读者服务部　（010）66070833，62568380
邮编　100071
经销　新华书店
印刷　北京七彩京通数码快印有限公司
尺寸　169 毫米×239 毫米
印张　14.25
字数　194 千
版次　2022 年 11 月第 1 版
印次　2022 年 11 月第 1 次印刷
定价　58.00 元
ISBN 978 - 7 - 5220 - 1727 - 3
如出现印装错误本社负责调换　联系电话（010）63263947

前　　言

目前，我国的环境污染已经成为亟待解决的问题。治理环境污染问题不仅体现为对已经污染的环境进行改造，还体现在采用节能减排技术减少生产过程中的污染物排放。建筑施工行业一直以来都采用粗放式生产模式，这种生产模式以高能耗、高污染与牺牲环境作为代价，在建筑施工行业推行绿色建造技术是解决这一问题的有效手段。

建筑施工企业为了在激烈的市场竞争中取得优势，不惜以极低的价格竞标，这就导致建筑施工企业的利润微薄。利润是企业的生存之本，技术与经济相结合是成本控制最有效的方法，只有控制好施工成本，才能实现施工企业的利润。采用绿色建造技术与加强成本风险管理是实现企业利润的最佳组合。它不仅符合企业的利润目标，而且符合国家当前的具体形势与政策。由于钢铁生产企业的萎靡，大规模的新建及扩建钢厂的情况已经很少，冶金建筑行业的竞争比其他建筑领域的竞争更加激烈。由于冶金工业项目的特殊性，使其不能运用传统的预算模式对工程成本进行计价，进而对成本进行有计划的控制，这就导致冶金工业项目的成本风险远远大于民用与商业建筑等领域的成本风险。本书结合冶金建筑领域冷轧薄板项目的案例，阐述绿色建造技术与成本风险管理在冶金工业项目中的具体应用。其主要研究内容阐述如下。

（1）把绿色建造技术与成本风险的关系进行了分析研究，澄清了采用绿色建造技术会增加施工成本的认识误区，指出采用适当的绿色建

1

造技术可以节约工程成本，提出加强成本风险管理，节约施工成本从某种意义上来说即是推行绿色建造技术。

（2）在整理与分析冷轧薄板项目传统建造技术的基础上，介绍了冷轧薄板项目的绿色建造工艺；结合冷轧薄板项目工程案例，介绍绿色建造工艺的实际应用。

（3）研究了冶金工业项目的管理模式、费用构成及计价模式，指出传统的造价管理模式与预算计价方法不适合冶金工业项目，提出采用偏最小二乘回归分析（PLS1）法对冶金工业项目的历史成本资料进行回归分析，从而形成较为精确的计价结果，结合冷轧薄板项目案例介绍了偏最小二乘回归分析方法的实际应用，然后运用 MATLAB/SIMULINK 对冶金工业项目的计价结果进行风险仿真模拟，形成基于 MATLAB/SIMULINK 的成本风险估价模型，建立基于博弈论的成本报价策略模型。

（4）由于冶金建设项目工艺的复杂性和特殊性，造成其工程成本在工程建设过程中会有较大的变化，提出应该在冶金工业项目的建设过程中建立成本风险预警系统，介绍了适合冶金工业项目成本风险预警的设计思路、成本风险影响指标体系，建立了冶金工业项目的成本风险预警模型；结合冷轧薄板项目的具体案例对风险预警系统进行了实证分析。

（5）由于冶金工业项目成本目标及其约束要素具有在一定范围内的可变性，可以运用 F 线性规划对施工成本进行优化，并运用 F 线性规划原理对施工成本对进行了实证研究，最后通过分析影响成本的因素之间的因果关系，建立基于系统动力学的成本控制模型。

通过对冶金工业项目中具有代表性的冷轧薄板项目绿色建造技术及成本风险管理进行理论与实证研究，提出适合冶金工业项目的成本风险管理思路与模式，倡导在冶金工业项目推行绿色建造技术，以达到相应国家政策与实现企业利润的目的。

目　录

目　录

1 绪 论

1.1 研究背景与研究意义

1.1.1 研究背景

1.1.1.1 政策与宏观形势

在建筑物的建造和使用过程中，需要消耗大量的自然资源，同时增加环境负荷。据统计，人类从自然界所获得的 50% 以上的物质原料用来建造各类建筑及其附属设备。这些建筑在建造和使用过程中又消耗了全球能源的 50% 左右；与建筑有关的空气污染、光污染、电磁污染等占环境总体污染的 34%；建筑垃圾占人类活动产生垃圾总量的 40%。1992 年 6 月，联合国环境与发展大会通过的有关环境与发展方面的国家和国际行动的指导性文件《关于环境与发展的里约热内卢宣言》（*The Rio Declaration on Environment and Development*）中的 "可持续发展" 指出，要改变以牺牲环境为代价的掠夺性的，甚至是破坏性的发展模式，从传统的资源型发展模式走上良性循环的生态型发展模式，促使经济与社会、环境协调发展。这种新的发展观必然促使新的建筑观——可持续发展建筑观产生，即保护生态、创造可持续发展的人类生存环境。自 1992 年联合国环境和发展大会在里约热内卢召开并提出 "可持续发展" 理念以来，人们对环境、能源消耗和人类居住环境等问题的

1

思考就未曾停止过。随着可持续发展理念的完善，"绿色建筑"的概念应运而生，并将成为未来建筑的发展趋势。世界各国都提出了绿色建筑的理念，并建立了相关的评价指标体系。根据 Fowler 和 Rauch 的《可持续建筑评级体系概论》(2006)，市场上现有超过 34 个绿色建筑评价体系或环境评价工具，并且这个数字还在继续增长，有代表性的主要有以下 5 个：①建筑物综合环境效率评价体系（CASBEE，日本）；②可持续建筑工具（原名 GBTool，加拿大）；③建筑研究机构环境评估守则（BREEAM，英国）；④绿色环球 (Green Globes，美国）；⑤能源与环境设计领袖（LEED，美国）。从某种程度上说，创建这些评价体系或工具都是为了推进环保的建筑设计、施工以及运营手段。在我国《绿色建筑评价标准》中，将绿色建筑明确定义为"在建筑的全寿命周期内，最大限度地节约资源（节能、节地、节水、节材），保护环境和减少污染，为人们提供健康、适用和高效的使用空间以及与自然和谐共生的建筑"。我国年建筑量居世界排名第 1 位，资源消耗总量增长迅速，而许多资源的人均拥有量居世界平均水平以下。在 46 种支持性资源中，2010 年我国只有 20 种资源能够自给，而到 2020 年就只剩 6 种资源能够自给，其余要依靠大量进口。也就是说，国内建筑市场的旺盛需求以及建筑对资源的大量消耗和生态环境的负面影响，使建筑业在推进可持续发展进程中承担着重要的责任。建筑业在改善和提高居住环境功能质量的同时，在建筑规划设计、施工、运行维护和拆除或再使用的全寿命过程中应考虑环境影响，促进资源和能源的有效利用，减少污染，保护资源和生态环境，即发展绿色建筑。

值得关注的一点是，绿色建筑的生产成本溢价。2002 年的文献《建筑的可持续发展》指出，成本溢价随着建筑绿色等级的升高而不断上升。一个绿色建筑与一个市场上标准建筑的生产成本差距高达 29%。从短期看，绿色建筑提高了成本，但从建筑全寿命周期看，它可以大幅度地节约资源、能源，在本质上是低成本高效益建筑。它从建筑的建造能耗（包括建筑材料的内含能、运输能耗及施工能耗）、运行能耗（包括采暖、空调、生活热水、照明、日常维护等能耗）、废弃能耗三个方面来控制建筑的能源消耗量，这样就到节能的目的。因为住宅的"初期成本"（一次性建造成本）只占全寿命周期成本的 5%～10%，运营和维护成本占 60%～80%，采取经济实用的技术措施，新建住宅节能投资和老住宅节能改造成本为 80～120 元/m²。通过产生的节能效益，一般可以在 5 年左右收回。张超、李庆结合绿色建筑的含义把绿色建筑的效益概括为经济效益、环境效益、个人舒适度三大方面。同时还提出，因为绿色建筑的建造要投入更多的费用，一般要增加投资 5%～10%。孙大明等认为，虽然绿色建筑在中国已经全面推广，但目前市场普遍还存有这样的观念："一旦和绿色建筑沾边，建筑的造价就一定增加很多，绿色建筑是高成本的代名词。"此观念对于中国绿色建筑的推广极其不利，造成此现象的原因有两个。第一，早期绿色地产开发项目往往选择一些价格较高的项目进行试点，并在宣传过程中突出强调豪宅和高科技的关系，这是误区产生的主要原因。第二，绿色建筑开发初期，对于绿色生态技术掌握不足，而且相关的产品因市场小，未形成规模经济，价格也较高，同样造成了绿色建筑成本较高，但这两个问题会随着工作深入开展和市场变化逐渐得到解决。

经调查估算，全球建筑业产值为 47000 亿美元（2007），为全球 GDP 作出的贡献占 8%～10%。67% 的业内人士表示，目前实施的绿色建筑项目至少占其所有项目的 16%，而 32% 的业内人士预期绿色建筑构成国内建筑业产值的比例已超过 10%。欧洲的绿色建筑市场目前处于最高水平，44% 的反馈者表示，其绿色建筑项目已超过建筑项目总量的 60%。在市场方面，2013 年实施绿色建筑的项目比例不低于 16%，有 53% 的企业大幅度投入绿色建筑。绿色建筑水平最高的市场在欧洲，增长最快的绿色建筑市场在亚洲，预计北美将成为最大的绿色建筑市场。超过一半的企业预期未来五年绿色建筑将带来良好销售和利润增长。对于实施绿色建筑，42% 的调查者认为最主要的动机是因为是正确的事情，所以值得一做，90% 的调查者认为，最主要的社会原因是鼓励可持续发展的商业实践，倡导更健康和更舒适的生活，89% 的调查者认为，最主要的环境原因是减少能源消耗。

20 世纪末，绿色建筑概念开始引入我国，1996 年，我国发布《中华人民共和国人类住区发展报告》，对进一步改善和提高居住环境质量提出了更高要求和保证措施。1998 年，我国发布《中华人民共和国节约能源法》，提出建筑节能是国家发展经济的一项长远战略方针。2005 年，我国颁布实施了《公共建筑节能设计标准》。

在绿色建筑评估体系方面，从 2001 年开始，专家们在深入研究世界各国绿色建筑评估体系的基础上，结合我国国情制定了《中国生态住宅技术评估手册》，目前已发布第三版，用于"全国绿色生态住宅"的指导和评估。在 2008 年北京举办"绿色奥运、科技奥运、人文奥运"的背景下，2003 年《绿色奥运建筑评估体系》（简称 GOBAS）面世，力图通过建立严格的、可操作的建设全过程监督管理机制，落实到招标、设计、施工、调试及运行管理的每一个环节，来实践奥运建筑的绿色化。2005—2006 年，我国相继推出了《绿色建筑技术导则》和《绿色建筑评价标准》，并设立了"全国绿色建筑创新奖"；2007 年，又出台了《绿色建筑标识管理办法》和《绿色建筑评价技术细则》，进一步完善了我国绿色建筑评估体系。建筑施工生产周期虽然相对较短，但其对自然形态的影响却往往是长久性的、突发性的，对于资源和能源的消耗也是非常集中的。有关研究表明，建筑施工生产阶段耗能可以占到建筑全寿命周期耗能的 23%，在低能耗建筑中甚至高达 40%～60%。

2017 年 3 月 1 日，住房和城乡建设部下发了《建筑节能与绿色建筑发展"十三五"规划》，该规划根据《国民经济和社会发展第十三个五年规划纲要》《住房城乡建设事业"十三五"规划纲要》制定，是指导"十三五"时期我国建筑节能与绿色建筑事业发展的全局性、综合性规划。"十二五"规划中计划要在 2015 年前实现新建绿色建筑 10 亿平方米，而据住建部给出的数据却只有 4.7 亿平方米，还不到计划的 50%，但还算是差强人意，因为全社会对于绿色建筑的认知还远远不够，或许近年的雾霾问题开始让民众意识到生活环境的紧要性，但很少有人将其与建筑联系起来。据调查，在雾霾形成的各种原因中，建筑施工中的扬尘占8%，这还不是造成雾霾的最主要的元凶。夏天制冷、冬天采暖，支撑我们美好居室的背后，都是能源的消耗和能源生产过程中造成的污染。在我们社会总能耗中有40%是来源于建筑，我国建筑节能水平远远落后于发达国家。

2021年，中共中央办公厅、国务院办公厅印发《关于推动城乡建设绿色发展的意见》指出，城乡建设是推动绿色发展、建设美丽中国的重要载体。党的十八大以来，我国居住环境持续改善，住房水平显著提高，同时，仍存在整体性缺乏、系统性不足、宜居性不高、包容性不够等问题，大量建设、大量消耗、大量排放的建设方式尚未根本扭转。我国必须立足新发展阶段、贯彻新发展理念、构建新发展格局，坚持以人民为中心，坚持生态优先、节约优先、保护优先，坚持系统观念，统筹发展和安全，同步推进物质文明建设与生态文明建设，落实碳达峰、碳中和目标任务，推进城市更新行动、乡村建设行动，加快转变城乡建设方式，促进经济社会发展全面绿色转型，为全面建设社会主义现代化国家奠定坚实基础。预计到2025年，城乡建设绿色发展体制机制和政策体系基本建立，建设方式绿色转型成效显著，碳减排扎实推进，城市整体性、系统性、生长性增强，"城市病"问题缓解，城乡生态环境质量整体改善，城乡发展质量和资源环境承载能力明显提升，综合治理能力显著提高，绿色生活方式普遍推广。预计到2035年，城乡建设全面实现绿色发展，碳减排水平快速提升，城市和乡村品质全面提升，居住环境更加美好，城乡建设领域治理体系和治理能力基本实现现代化，美丽中国建设目标基本实现。

可以看出，我国从顶层政策设计、法律体系、规范标准等各方面都为节能环保、坚持绿色发展提供了有力支撑。

冶金工业建筑领域在推行绿色建筑标准及措施的步伐中明显滞后于民用及公共建筑等领域，也缺乏相关的技术标准支持和相应的绿色建造工艺流程，至今在此领域的绿色建造工艺研究尚属空白。

1.1.1.2 钢铁企业现状

2008 年，美国的次贷危机迅速蔓延到全世界，并引发了一场全球性的金融危机。2010 年的欧债危机使得本已举步维艰的世界经济更是雪上加霜。为了获得市场，获得生存空间，建筑企业展开了激烈竞争。冶金工业建筑市场的竞争更为激烈，导致该领域竞争激烈的主要原因是我国钢铁冶炼企业产能过剩，这一点从图 1.1 的统计数据可以看出。从 2012 年开始，粗钢的生产量已经超过了需求量，而且近几年钢铁生产企业利润微薄，大规模新建扩建钢厂的时代已经过去，另外钢铁冶炼企业属于高能耗、高污染行业，随着国家对环境保护的重视，对钢铁冶炼项目的建设增加了诸多限制。

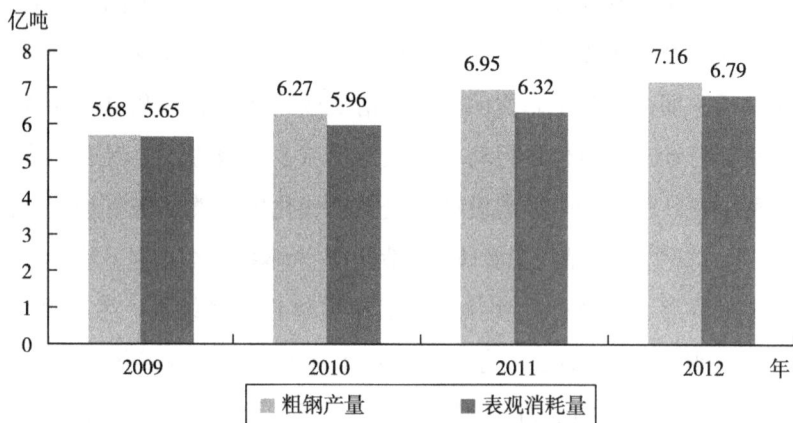

图 1.1 2009—2012 年粗钢产能与消耗量对比

数据显示，2012 年，国内大中型钢铁企业实现利润 15.81 亿元，同比下降 98.22%。全年累计亏损企业 23 户，同比增加 15 户，亏损面达 28.75%，亏损企业亏损额达 289.24 亿元，同比增长 7.39 倍。不过，从 2012 年第四季度出现的钢价上升一度让钢铁行业十分振奋，但好景不长，向上猛冲的进口矿价榨干了企业利润，国内钢铁行业也只能继续在微利中挣扎。

1.1.1.3 冶金建筑企业现状

为了了解中国冶金科工集团有限公司的状况，现将中国冶金科工集团有限公司的一些效益数据与中国建筑股份有限公司进行对比，历年产值对比如图 1.2 所示[12]。

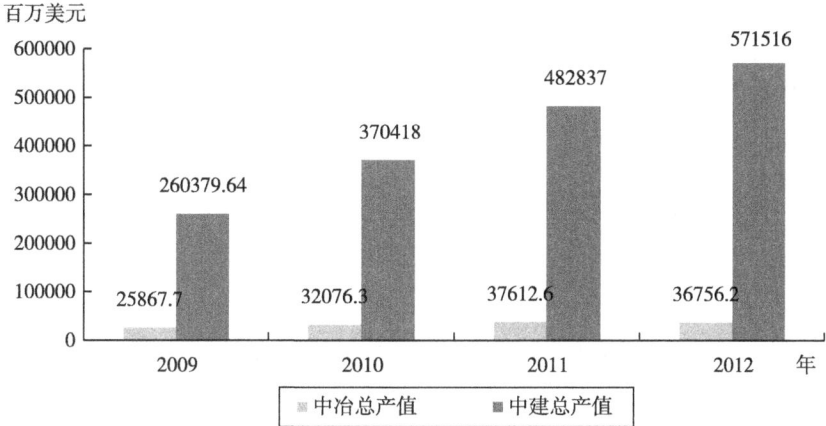

图 1.2 2009—2012 年中冶与中建产值对比

中国冶金科工集团有限公司与中国建筑股份有限公司历年利润对比如图 1.3 所示。

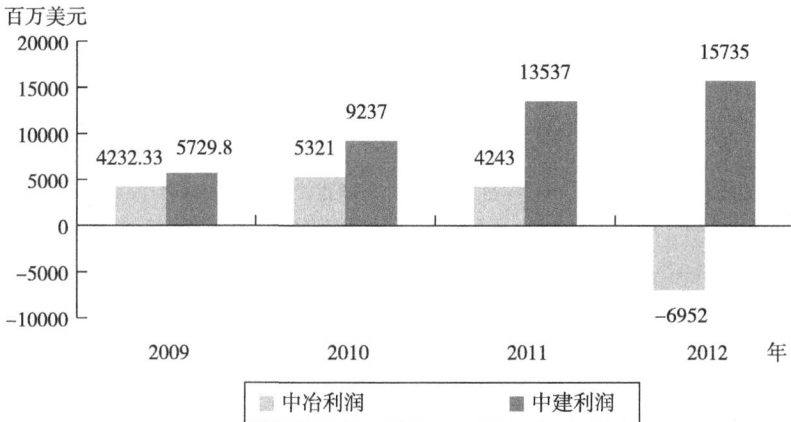

图 1.3 2009—2012 年中冶与中建利润对比

中国冶金科工集团有限公司与中国建筑股份有限公司历年人数对比如图 1.4 所示。

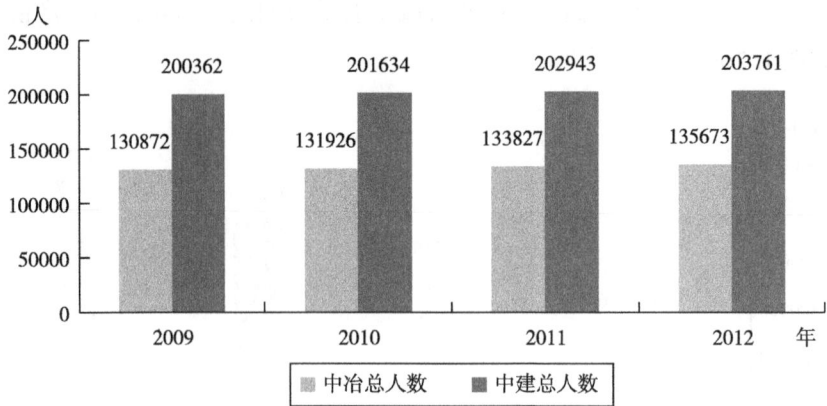

图 1.4　2009—2012 年中冶与中建人数对比

通过以上对比分析，可以得出表 1.1。

表 1.1　2009—2012 年中冶与中建效益对比分析

单位：百万美元

	单位	2009 年	2010 年	2011 年	2012 年
产值	中冶	25067.7	32076.3	37612.6	36756.2
	中建	260379.64	370418	482837	571516
人均产值	中冶	0.1915	0.2431	0.2811	0.2709
	中建	1.2995	1.8371	2.3792	2.8048
利润	中冶	4232.33	5321	4243	−6952
	中建	5729.8	9237	13537	15735
人均利润	中冶	0.0323	0.0403	0.0317	−0.0512
	中建	0.0285	0.0458	0.0667	0.0772

从表 1.1 可以看出，2009—2012 年中国建筑股份有限公司的人均产值和利润均在稳步增长，而中国冶金科工集团有限公司的人均产值在 2012 年

出现负增长，而人均利润在 2011 年就出现了负增长，到 2012 年更是陷入亏损的泥沼。这一现象无疑与当前钢铁企业产能过剩、冶金建筑市场持续低迷有关，但是与冶金建筑企业的管理模式与经济增长方式是否也存在很大关系，同样令人深思。

1.1.2　问题提出

从以上的分析可以看出，当前我国环境污染问题已经成为影响我国可持续发展战略实施的瓶颈，作为资源消耗及环境污染的大户——建筑施工企业推行绿色建造技术，在建造过程中推行节能减排施工工艺不仅是一项义务，更是一项社会责任。而且从某种意义上来说，推行绿色建造技术在一定程度上能够降低成本，为企业增加利润。

由于各个建筑实施主体以至广大人民群众均缺乏绿色建筑的基本知识，因而难以保证绿色建筑在建设过程中各个环节的渗透力和普及力度。建筑的能耗一般主要有两部分：一是建设时的能耗，二是运营时的能耗。由于这些能耗是建筑的建设方以及使用方能明显可见的，因此称为显性能耗。随着建筑全寿命周期被越来越多的人重视，这部分能耗还是可以得到一定控制的，但如果从更为宏观的视野来看，这还是不够，还需要减少隐形的能源消耗。所谓隐形能耗，主要是指建筑在建设过程中，从材料的开采、加工，设备的制造，到材料设备的运输等过程所造成的与建设项目相关的能耗，由于这部分能耗是不明显的，也不易为建设方、设计人员所意识到，因此被称为隐形能耗。只有控制了这部分的能耗，整个建设过程才能真正实现能耗降低。推行绿色建造技术既要控制建造过程中的显性能耗，又要控制建造过程中的隐形能耗。而在建造过程中同时实现控制显性能耗和隐形能耗就是要对传统施工工艺技术进行改进和技术创新，推行节能减排的标准化施工工艺。

对于一个产品来说，主要有四个因素决定其市场竞争力：质量、成本、时间和服务。国内市场调研表明，产品成本是决定产品市场竞争力的重要因素。建筑产品也是如此，随着生产技术的进步，在规定的工期内建造出质量合格的建筑产品的难度逐渐下降，而在这一前提下降低工程成本的难度却越来越大，因而工程成本已成为决定建筑产品竞争力的四个要素的核心。对于国际市场来说，我国建筑产品的生产成本比较低，具有很强的竞争力，但其附加值极低。怎样提高我国建筑产品的附加值已成为一个关键问题。提高建筑产品的性价比已经成为一个重要手段，用较低的建筑生产投入成本实现较高的功能和质量，有助于增强建筑产品的竞争力。通过推行绿色建造技术能够改进传统建造工艺，提高建筑产品的附加值。采用科学的技术手段降低建造成本，转变建筑产品生产管理模式是增加企业利润、增强企业的市场竞争力的根本保障。这就决定了在投标前要对建造成本进行合理估价，在投标中合理利用报价策略，在建造过程中，对建筑的成本风险进行预警，采取成本优化和成本控制措施。

冶金工业项目具有技术复杂、投资额巨大、管理难度大、建设周期长等特点。管理项目需要一批有丰富经验的技术人员与管理人员，而且在冶金工业项目合同签订前，很难明确所有的功能、技术参数、施工标准以及建设风险因素等，就必然会在工程实施阶段发生工期、费用的变化。工期、费用变化最终导致的结果是成本升高，利润降低。冶金建筑行业自身的特点，决定了冶金工业项目的成本风险管理存在更大的挑战性。建立其工程成本风险评估、预警与优化控制系统，采用合理的方法应对这些风险，为降低工程成本，实现较高利润率，最终实现中冶科工集团有限公司的冶金项目管理踏上良性发展道路提供支持。

1.1.3 研究意义

本书的研究意义主要体现在以下 4 个方面。

（1）针对国家的环境形势，响应国家当前的环境政策。当前，我国的环境形势极其严峻，提升环保意识，改变环境状况已经变得刻不容缓。作为资源消耗与环境污染大户的建筑施工企业，在响应国家环境政策时应该责无旁贷地负起责任，对绿色建造工艺的研究就是为了响应此项责任。

（2）为冶金工业项目绿色建造技术提供范例。本书提倡推行冶金工业行业标准化施工工艺，并且对传统的冶金工业施工工艺进行改变，在传统施工工艺的基础上加入绿色建造理念与技术，不仅提升了冶金工业项目的建造水平，而且为冶金工业项目绿色建造技术的推广应用提供了范例。

（3）改变冶金工业建筑行业传统的成本管理方法，提升成本管理水平。由于冶金工业项目的独特性，使得以前的成本管理工作主要停留在经验管理的层面上，没有形成合理的成本管理理论与流程，缺乏相应的科学指导与科学依据，这种情况必然造成成本管理工作比较粗放，所获得的基础数据也比较粗放，不利于提高企业的利润水平。本书基于统计学、博弈论、模糊数学、系统动力学等数学理论，建立完善合理的成本风险管理流程，为提升冶金工程成本管理水平提供有力保障。

（4）将绿色建造技术与成本风险管理相结合，通过技术与经济相结合控制工程成本。冶金建设行业对项目上的施工管理部门划分非常细致，这样有利于提升专业化水平，但是同时也造成了本部门缺乏对其他部门专业知识的了解。成本管理工作是一项综合性的工作，离开技术和施工谈成本是很不科学的，而且成本风险是贯穿于整个建造过程中的，所以，有必要在掌握施工、掌握技术的基础上研究成本风险管理。

1.2 国内外研究现状

1.2.1 国外研究现状

1.2.1.1 国外风险管理研究现状

2001 年，Xu 和 Tiong 提出承包商在投标报价阶段的风险评价模型；Han 和 Diekmann 提出一种基于 Cross Impact Analysis（CIA）法的国际工程项目风险评价方法。Francis K. Adams 提出综合应用专家评价和贝叶斯定理的方法来对国际工程项目的风险评级。AIi Jaafari 提出生命周期的风险管理方法，将风险识别和评价贯穿于工程的整个生命期，是风险管理观念上的一个飞跃。在风险数据库构建方面，为了实现风险动态管理流程，以及各类风险管理技术的集成和综合应用，工程风险数据库的研发受到重视。J. H. M 和 V. C 等将风险管理流程分为风险辨识（Identify Risk）、风险评估（Assess Risk）、风险分析（Analysis Risk）、风险处理（Handle Risk）和风险监控（Monitor Risk）五个部分，提出了风险动态管理的理念，奠定了现代风险管理流程的基础。2002 年，Del Cano Alfredo等提出工程风险管理的集成方法；V. Carr（2002）和 Fiona D. Patterson（2002）提出风险登记管理系统 PRR（Project Risk Registers）的构建方式，将风险管理分成风险管理计划和风险管理实施两个软件模块，通过风险分析人员、风险管理责任人和风险管理决策者三层风险管理模式对风险进行管理。2003 年，Caron Serge 提出工程风险管理集成系统。Kilem 等在《降低项目风险》一书中提出识别、分析、控制不同风险的理论构架和应用方法，采用系统方法来处置风险。在工程风险辨识方面，Flanagan 和 R Norman G 应用头脑风暴法、事故树、影响图等方法，识别出在工程中可能存在的政治、法律、经济、环境、技术、管理等方面的风险因素；2004 年，Wang S. Q 通过研究建立了一种适用于发展中国家的国际工程项目的风险评价模型，并把所有的风险分成三大类，即国家风险、市场风险和工程风险，同时研究了这三种风险之间的关系以及它们如何互相影响，以更好地判断工程的总风险。Fang Dongping 等充分考虑了风险对承包商投标报价的影响，建立了基于风险评估的投标模型。2005 年，Irem Dikmen 提出一种评价国际工程项目的风险和机会的模型，该模型使用层次分析法计算风险和机会的等级。2006 年，Andi 研究了在印度尼西亚的国际工程项目的风险等级分类和风险分散。2007 年，Dikmen 等针对国际工程项目中超出成本预算的现象，提出了一种模糊风险评价方法，并罗列出工程的各个阶段影响超出成本预算的风险因素。Patrick X. W. Zou 等研究了国际工程项目中业主、设计方、承包商、分包商的风险，并对澳大利亚和中国的建筑行业做了比较。K. C. Lam 研究了基于风险分散法的风险决策模型，该模型应用了模糊逻辑的方法，能够进行系统、定量的分析。Jiahao zeng 和 Min An 运用改良的层次分析技术对风险因子进行分类和估计并结合到决策制定中，分析证明了该模型的有效性。在成本风险控制模型的建立中，2007 年，Irem Dikmen、M. Talat Birgonul 和 Sedatflan 在国际工程招投标阶段运用影响图法建立风险模型，并通过模糊评价法进行成本控制的风险分析，然后应用计算机系统采用真实的数据和工程信息进行模拟，为承包商提供了一种风险分析的新工具。2009 年，Amani Suliman Bu Qammaz 研究了网络层次分析法在国际工程项目中的应用。2010 年，Matineh Eybpoosh 研究了国际工程项目中风险因素之间的因果关系，提出建立风险因素关系网络，使用结构方程模型来确定风险因素的路径并构建风险关系网络，提出一种新型的风险识别方法。

1.2.1.2 国外冶金施工技术现状

国外冶金施工技术主要集中在以下 4 个领域：

(1) 新一代可循环钢铁流程施工工艺优化技术；

(2) 高效、低成本洁净钢生产工艺优化施工技术；

(3) 冶金施工工艺智能化施工技术；

(4) 新型低碳低排放钢铁工艺施工技术。

1.2.1.3 国外成本管理研究现状

德国学者提出了成本结构和分类，美国麻省理工学院 Thornton 等分析了产品设计过程中所有与产品成本结果相关的因素。同时，研究人员详细研究了全寿命周期成本的内涵、结构等。另外，还有学者研究了在设计、施工等阶段的产品成本建模。

1.2.1.4 国外绿色建造研究现状

Timothy Carter、Andrew Keeler（2008）利用生命周期成本理论对收集到的绿色建筑屋面实验数据进行了分析，结果显示该屋面成本的净现值比传统建筑增加了10%～14%，但是建筑能耗的净现值却比传统建筑降低了20%。Osman Ayet 和 Ries Robert（2004）在全寿命周期等基本理论下，提出将民用建筑从设计使用的全过程进行模块化，构建了建筑节能技术经济评价模型，利用相关的模拟软件，确立了一套可行的求解方法，为建筑节能方案的选择提供了一种新思路。Weimin Wang、Hugues Rivard 和 Radu Zmeureanu（2006）提出，生命周期成本和生命周期环境影响是绿色建筑的两个主要指标，建筑外形的设计对绿色建筑的能耗和成本具有重要作用，并介绍了一个传统的使绿色建筑外形最优化的数学方法。David Gottfried（2004）从成本与收益角度对绿色建筑分析指出，绿色建筑不会增加太多的成本，回收期不会太长，但是投资回报却会大大增加。Ed Bartlett 和 Nigel Howard（2000）从环境友好、能源节约和全生命成本三个方面评价绿色建筑的价值，对英国工料测量师提出的绿色建筑的增量成本为普通建筑成本的5%～15%提出质疑，依据近期已完成建筑项目的相关数据研究了绿色建筑的全生命周期成本和对环境的影响，激励项目决策者作出可持续发展的决策。William N. Goetzmann 和 Ravi Dhar 通过调查分析不同类型房地产投资收益及决策问题，提出了风险因素与不确定性在房地产投资中的重要作用。

1.2.2 国内研究现状

1.2.2.1 国内风险管理研究现状

我国于2001年5月由项目管理研究委员会（PMRC）正式推出了中国的项目管理知识体系《中国项目管理知识体系》（C – PMBOK），对风险管理进行了详细的规范。2003年，王卓甫编写《工程项目风险管理——理论、方法与应用》，该书系统地阐述了风险管理的理论成果，介绍了工程项目风险管理的技术方法，分析了 BT、BOT、EPC 等总承包模式。丛培经教授的文章《工程总承包项目风险分析与对策》，对工程总承包项目的风险因素进行了详细分析，提出了应对策略。余子华在其编著的《工程项目风险管理与工程保险》一书中，将项目风险管理分为 4 个方面：①识别风险；②分析风险；③制定和应对风险；④复查风险。东南大学成虎教授对总承包的发展动力、运作过程、风险问题和总承包项目管理进行了一系列研究。2002 年，王卓甫在其《工程项目管理》一书中讲述了风险研究的多种理论和方法，重点研究了风险估计的内容，深入分析了概率模型的构造，详细论述了蒙特卡罗方法的应用。清华大学郭仲伟根据大型工程项目风险分析的特点，对采用行为模型方法的必要性进行了讨论，给出了风险分析的行为模型。天津大学刘金兰博士结合大型建设项目的特点，提出一种根据时间序列构建风险分析影响图的方法。程铁信（2004）的模糊影响图技术、徐惠（2005）提出的层次分析法和灰色模式识别理论的评价模型。2006 年，在工程风险模拟与分析方面，目前国内仍无专著出版，使用较多的是译自美国詹姆斯·R. 埃文斯和戴维·L. 奥尔森合著的《模拟与风险分析》，该书全面讲述了如何使用水晶球软件进行复杂问题的预测与风险分析。在风险信息管理方面，黄宏伟等（2006）着手开发基于风险数据库的盾构隧道施工风险管理软件（TRM1.0），该软件以一个风险数据库系统作为后台数据支持，实现了对隧道风险辨识、风险评估和决策以及风险跟踪等风险管理的基本流程，建立了一套较为完备的风险管理体系。顾祥伯和他的团队（2007）发表的系列文章可以帮助我们更深刻地认识这些应用。陈洁金（2009）进行了下穿既有设施城市隧道施工风险管理与系统开发的研究。席一凡（2009）构建了递阶层次结构、多级模糊动态综合评价与 BP 神经网络相结合的评价模型。项贻强（2010）将层次分析法与模糊数学相结合。这些技术在工程风险评估上的应用均需要建立数学模型，并且需要收集和处理大量数据，在业主和承包商方面需要有专业的风险分析人员应用计算机技术才能顺利完成，因此，这些技术的软件实现变得尤为重要。王秀云（2011）也将模拟技术运用于国际工程承包的风险分析之中。

1.2.2.2 国内冶金施工技术现状

国内冶金施工技术主要是由冶金工程技术来拉动的。目前，我国冶金工程技术取得了重大进步，总体上已经达到国际先进或领先水平，这就决定了我国的冶金施工技术总体上已达到国际先进或领先水平。例如：

（1）新一代可循环钢铁生产工艺施工技术；

（2）结晶钢生产工艺施工技术；

（3）薄板坯连铸连轧工艺施工技术；

（4）超高速冷却、复合管生产新工艺施工技术；

（5）低成本洁净钢生产工艺施工技术；

（6）离心铸造复层钢管坯–热挤压成型复合钢管施工工艺；

（7）钢铁行业节能减排新工艺施工技术；

（8）大型捣鼓焦炉施工技术等。

我国冶金施工技术在取得巨大成绩的同时，也存在很多不足，主要表现在以下3个方面：

（1）淘汰传统落后施工装备和工艺的工作还没有完成；

（2）冶金施工技术信息化、模块化、集成化比较落后；

（3）施工工艺的研发能力有待提高。

1.2.2.3 国内成本管理研究现状

国内学者胡树华利用功能参数回归分析法建立功能参数与成本之间的关联模型。厉正平对产品成本估算进行了研究；荆冰彬等把产品的特征与制造成本结合起来，根据产品的结构对成本进行评价。毕宝庆等对公差成本设计进行了较为深入的研究。清华大学的杨颖、汪劲松和浙江大学的吴昭同、杨将新等，提出了曲线拟合等方法进行公差与成本的建模，在公差设计过程中满足质量要求的情况下进行降低成本的公差设计。对质量成本进行研究的学者有袁清坷、曹岩、刘宁等。张祖明等利用企业成本管理方法指导产品设计中的成本优化和控制问题。

1.2.2.4　国内绿色建造研究现状

申琪玉等从可持续发展的角度介绍了绿色施工的概念，指出了绿色施工的核心内容：减少能源和资源的消耗，减少对环境的破坏，提高大自然的环境质量；指出了建筑业主要环境影响有噪声超标、粉尘排放、空气污染物、垃圾废弃、资源能源消耗等；阐述了绿色施工在我国建筑业的应用价值。何瑞丰等考虑绿色施工的主要因素（能源、废水、废气、噪声）及其节能、降耗、减污、降低成本和废物处理费用的目的，从政策引导、企业管理、现场管理以及施工新技术等方面提出绿色施工的实施途径。我国绿色施工的发展较为缓慢，张立山等分析了其发展缓慢的原因，指出应强化绿色施工理念、加强政策引导、加快技术研究、完善管理体制、制定评价体系的发展对策。闵小波从可持续发展的角度给出了绿色施工的概念，阐述了绿色施工的发展现状，在此基础上探讨了我国建筑业推行绿色施工的主要途径：加强政策引导，提高全社会的"绿色施工"意识和科学管理，提高企业管理水平，减少环境污染，实施节能降耗，使用绿色建材，保证绿色验收。方俊等提出了建筑绿色施工评价指标体系，主要包括管理水平、环境影响、能源利用、资源利用、经济性等方面，并运用层次分析法进行了分析。陈晓红确定了 M 和 L 两类绿色施工评价指标以及相应的评价标准，并用层次分析法计算指标权重以构建评价模型，进而对建设项目的施工活动进行绿色定级。刘贵文等从施工过程中的节约、环保和综合管理三个角度，构建了绿色施工的指标体系，并运用层次分析和模糊评判相结合的方法建立了综合评价模型。陈建国等提出了基于 BP 人工神经网络的绿色施工评价模型，并分析了 BP 人工神经网络法在绿色施工评价中的优越性。黄喜兵等建立了绿色施工评价指标体系，包括节地、节能、节约材料、节水和环境保护 5 个一级指标，施工临时用地选址等 17 个二级指标。根据该指标体系的结构特点，采用二级模糊综合评价方法评价绿色施工。杨韬等提出了绿色施工的评价指标体系及量化标准，并基于灰色聚类理论构建了绿色施工的评价模型。李美云等分析探讨了绿色施工评价指标选取的原则,在此基础上提出了绿色施工评价可能选取的指标体系。卜利民等对绿色施工的模糊综合评价法和灰色分析评价法进行了比较,指出模糊综合评价法适用于专家打分,计算相对建筑业绿色供应链管理优化问题研究简单,可以快速求出工程施工对评价等级的隶属度和综合评价;灰色分析评价法可以更精确地对指标进行评判,计算相对复杂,评价结果更加准确和客观。

1.3 研究的主要内容和方法

1.3.1 研究的主要内容

本书研究的主要内容有以下 5 个方面。

(1) 分析了绿色建造技术与成本风险管理的关系,指出采用绿色建造技术可以节约成本,提出加强成本风险管理,节约施工成本从某种意义上来说即是推行绿色建造技术。

(2) 在整理与分析冷轧薄板项目传统建造技术的基础上,提出了冷轧薄板项目的绿色建造施工工艺;结合冷轧薄板项目工程案例,介绍绿色建造工艺的实际应用。

(3) 研究了冶金工业项目的费用构成及计价模式,提出采用偏最小二乘回归分析法(PLS1)对冶金工业项目进行估价,结合冷轧薄板项目案例介绍了偏最小二乘回归分析法的实际应用;运用 MATLAB/SIMULINK 对冶金工业项目估价进行仿真模拟;建立基于博弈论的成本报价策略模型。

(4) 提出应该在冶金工业项目建设过程中建立成本风险预警系统,介绍了适合冶金工业项目工程成本风险预警的设计思路、成本风险影响指标体系,建立了冶金工业项目的成本风险预警模型;结合冷轧薄板对风险预警系统进行了实证分析。

（5）运用 F 线性规划对施工成本进行优化；建立基于系统动力学的成本控制模型。

1.3.2　研究的主要方法

1. 技术与经济相结合的方法

技术与经济相结合是控制工程成本最为有效的手段，本书在分析传统冷轧薄板施工工艺的基础上，总结出节约成本的绿色建造标准化流程，不仅达到了节能减排的目的，而且可节约施工企业建造成本，为企业创造效益提供有力保障。

2. 理论与实践相结合的方法

本书将理论与实践紧密结合在一起，问题的提出是根据当前我国环境的具体形势、国家环境预防与治理政策以及冶金建筑行业的具体情况而来的，在分析冶金建筑行业存在成本管理环节薄弱等问题的基础上，根据当前相关理论，提出适合冶金建设行业成本管理的方法与流程。

3. 基于数学理论的方法

博弈论、计算机模拟与仿真、统计学原理、层次分析法、模糊数学与系统动力学等数学方法与模型在本书得以应用，这些模型的选择与建立都是在分析了全寿命成本管理中的某个环节的具体情况得来的，对实际问题的解决具有较高的指导价值。

1.3.3　研究思路和本书框架

1.3.3.1　研究思路

本书的研究思路是根据冶金工业项目的成本管理过程与规律而来，主要分为 7 个章节，每一章的研究思路叙述如下。

（1）第 1 章在分析论文研究背景的基础上，提出所研究的问题和研究意义；总结本研究领域国内外的研究现状，阐述本书的主要研究方法、研究内容、研究思路和论文框架；最后，提炼出整篇论文的创新点。

（2）第 2 章主要介绍冶金工业项目绿色建造技术与成本风险的关系。首先介绍了冶金工业项目中比较典型的一类工程——冷轧薄板项目的绿色施工工艺，对冷轧薄板工程成本可优化进行分析；研究在绿色建造模式下的质量、工期与安全等建造目标与成本风险之间的关系；介绍天津轧一搬迁改造工程项目的概况及本项目绿色建造技术的应用情况。

（3）第 3 章研究冷轧薄板项目的绿色建造技术。主要研究了冷轧薄板项目的基础工程绿色施工工艺、钢桁架结构主厂房绿色施工工艺、轧机机组安装绿色施工工艺、酸洗线安装绿色施工工艺等。最后，通过案例介绍绿色建造工艺在本项目的具体应用情况。

（4）第 4 章研究了在绿色建造模式下的冶金工业项目的费用估价方法和报价策略。通过分析冶金工业项目的费用构成及冶金建筑行业传统的定价模式，提出基于偏最小二乘回归分析法（PLS1）的工程估价模式，结合冷轧薄板项目对该方法进行了实证研究；运用 MATLAB/SIMULINK 对冶金工业项目工程成本估价进行仿真模拟，分析项目的成本偏差；基于博弈论建立了在绿色建造模式下的冶金工业项目的成本报价策略模型。

（5）第 5 章研究了在绿色建造模式下的冶金工业项目的成本风险预警系统。主要研究了成本风险预警设计思路、成本风险影响指标体系、成本风险预警模型的建立，最后结合冷轧薄板工程成本风险预警的具体情况进行了实证研究。

（6）第 6 章主要研究了冶金工业项目的成本优化与控制技术。其施工成本优化技术是建立在 F 线性规划基础上的，成本控制技术采用了系统动力学原理，模拟出工程成本运作的基本规律。

（7）第 7 章对全书进行了总结，提出了未来在该领域研究的可能发展方向。

1.3.3.2　本书框架

本书框架如图 1.5 所示。

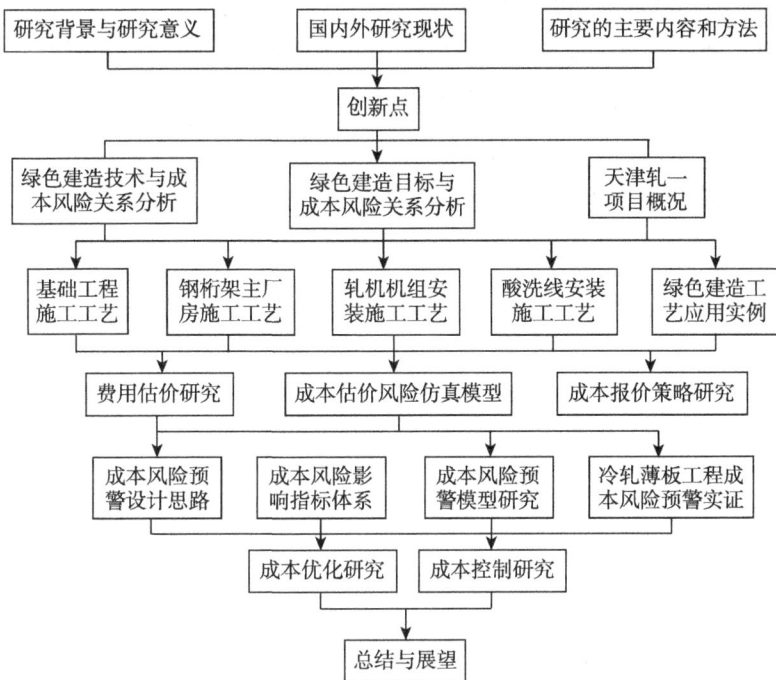

图 1.5　本书框架

1.4　创新点

本书主要创新点体现在以下 5 个方面。

（1）在分析整理传统冷轧薄板项目建造技术的基础上，建立冷轧薄板项目标准化绿色建造技术，通过案例介绍绿色建造技术在冷轧薄板项目上的应用。

（2）在分析冶金工业项目工程成本构成及传统成本估价方法的基础上，根据冶金工业项目的实际情况，提出采用偏最小二乘回归分析法（PLS1）对包括冷轧薄板项目在内的冶金工业项目进行成本估价。

（3）运用 MATLAB/SIMULINK，对冷轧薄板项目的成本风险进行仿真模拟，建立其成本估价风险系统，并对其成本估价敏感性进行分析，提出影响成本的敏感性因素的获得方法。

（4）建立冶金工业项目工程成本风险预警模型，采用层次分析法、模糊数学、马尔可夫链等数学工具预测成本风险的当前状况及其发展趋势，为后续控制成本风险和成本优化提供保障。

（5）采用 F 线性规划理论对建造成本进行优化，根据系统动力学原理，分析工程成本风险的演化过程，总结冷轧薄板项目的成本风险各个影响因素对建造成本的综合影响系统动力学状态。

2 冶金工业项目绿色 建造技术与成本风险关系研究

2.1 绿色建造的含义

绿色建造是指在工程建设中，在保证质量、安全等基本要求的前提下，通过科学管理和技术进步，最大限度地节约资源与减少对环境负面影响的施工活动，实现"四节一环保"（节能、节地、节水、节材和环境保护）。工程施工过程对资源的大量消耗以及对环境的集中性、突发性和持续性影响，决定了建筑业推进绿色施工的迫切性和必要性。

2.1.1 绿色建造的内涵

绿色建造着眼于资源高效利用和环境保护，主要包含以下四层内容：①尽可能采用绿色建材和设备；②节约资源，降低消耗；③清洁建造过程，控制环境污染；④基于绿色理念，通过科技和管理进步的方法，对设计产品所确定的工程做法、设备和用材提出优化和完善的建议，促使建造过程安全文明，实现建筑产品的安全性、可靠性、适用性和经济性。

绿色建造基于国家和社会的整体利益，是我国可持续发展战略在工程建造中的具体运用，是强调施工过程与环境友好、促进建筑业可持续发展的一种新的建造模式。绿色建造本身不是具体技术，而是对工程建造提出的更高要求。绿色建造要求在工程建造过程中，通过科学管理和技术进步，以工程承包方为主导，由相关方（政府、业主、总承包、设计和监理）共同推进环境保护和资源高效利用，提升工程建造的总体水平。

2.1.2 绿色建造的特征

与更为重视工程进度，甚至不惜以浪费资源和破坏环境为代价保证工期实现的传统建造方法相比，绿色建造不仅要求质量、安全、进度等达到要求，更要将"清洁生产"和"减物质化"等绿色概念贯彻到建造过程中，用可持续发展的理念来统筹规划施工的全过程。它是在传统建造的基础上按科学发展观对传统建造体系进行创新和提升，其特征可以概括为以下 4 个方面。

2.1.2.1 系统化

建筑建造是一个系统工程，包括有建造组织设计、建造准备、建造运行、设备维修以及竣工后建造场地的生态复原等步骤。传统建造虽然也有节约资源、降低能耗的要求和环保指标，但往往只局限于选用环保型建造机械或实施降噪、降尘的环保型封闭建造等局部环节。相比较而言，绿色建造则更重视系统整体的参与度及效果，要求从建造组织设计开始的建造全过程（全系统）都要贯彻绿色建造的原则。

2.1.2.2 社会化

在传统建造中，节约资源、降低能耗和保护环境主要依靠的是施工企业的现场施工人员，而绿色建造则要求全社会达成共识，共同支持和监督绿色建造的实施。例如，西安地铁二号线建设积极引入环境工程监理，对建设项目的全过程实施有效的环境管理，同时，加强建造管理人员的环保宣传和培训，全面有效地践行绿色建造理念。

2.1.2.3 信息化

传统建造是粗放型建造，建造机械的种类和数量往往采用定性方法选定。但是，固定的机械往往不能有效地适应建造过程中动态变化的工程量参数，因此，会造成机种不匹配、数量偏多或偏少、工序衔接不顺畅或脱节等弊病，很难实现高效、低耗、环保的目标。目前，发达国家针对此问题采取的有效方法就是实行信息化建造，这是一种依靠动态参数实施定量、动态建造管理的绿色建造方式。它运用硬件和软件进行建造运行管理，优选最适宜的机械种类和数量并能实时调配，从而达到高效、低耗、环保的目标。

2.1.2.4 一体化

实践表明，在确保完成工程任务的前提下投入的工程机械数量越少，工程的工效、耗料、环保等指标数越好。传统建造往往选用的是具有单一功能的机械设备，效率不高。而绿色建造则更重视一体化的建造方式。一体化建造指的是使用单台工程机械可以连续地顺序完成工程的多个或全部工序，从而减少进场的工程机械种类和数量，消除工序衔接的停闲时间，减少施工人员数量，实现提高工效、降低物料消耗、减少环境污染的目标。目前，一体化建造主要有两种方式：使用多功能工程机械进行一体化作业和进行连续运输作业。

2.1.3 与传统建造的区别

绿色建造和传统建造一样，均包含建造对象、资源配置、实现方法、产品验收和目标控制五大要素。两者的主要区别在于目标控制要素不同。一般工程建造的目标控制包括质量、安全、工期和成本 4 个要素，而绿色建造除上述要素外，还把"环境保护和资源节约"作为主控目标。同时，传统建造中所谓的"节约"与绿色建造中的"四节"也不尽相同，前者主要基于项目部的降低成本和减少材料消耗的要求，后者则以环境友好为目标，强调国家和地方的可持续发展、环境保护以及资源高效利用，旨在创造一种对自然环境和人类社会影响最小，并有利于资源高效利用和保护的新建造模式。因此，对于工程建造方而言，推进绿色建造往往会增加工程施工成本；环境和资源保护工作做得越多，要求越严格，建造成本增加越多，项目部所面临的亏损压力也越大。但是，绿色建造引起的工程项目部效益的"小损失"换来的却是国家整体环境治理的"大收益"。

2.1.4　与绿色建筑的关系

在国家标准《绿色建筑评价标准》（GB/T50378—2006）中，绿色建筑是指在建筑的全生命周期内，最大限度地节约资源、保护环境和减少污染，为人们提供健康、适用和高效的使用空间与自然和谐共生的建筑。绿色建筑主要包括3个方面：①"四节"，主要强调建筑在使用周期内降低各种资源的消耗；②保护环境，主要强调建筑在使用周期内减少各种污染物的排放；③营造"健康、适用和高效"的使用空间。

绿色建造与绿色建筑相互关联又各自独立，其关系主要体现为：①绿色建造主要涉及施工过程，是建筑全生命周期中的生成阶段；而绿色建筑则表现为一种状态，为人们提供绿色的使用空间。②绿色建造可为绿色建筑增色，但仅绿色建造不能形成绿色建筑。③绿色建筑的形成，必须首先使设计成为"绿色"；绿色建造的关键在于施工建造组织设计和建造方案要做到"绿色"。④绿色建造主要涉及建造期间对环境影响相当集中；绿色建筑事关居住者健康、运行成本和使用功能，对整个使用周期均有影响。

2.2　冶金工业项目绿色建造技术与成本风险关系分析

冶金工业项目的范围非常广泛，以钢铁冶炼项目为例，主要包括高炉工业项目（炼铁）、转炉工业项目（炼钢）、原料厂项目、焦化项目、烧结项目、冷轧薄板项目等，这些冶金工业项目的主要特点是投资巨大、工艺复杂、工程成本难以控制等。在这类项目中，尤其是冷轧薄板项目的施工工艺更为复杂，要求的施工精确度更高，稍有不慎就会增加工程成本。所以，研究冷轧薄板项目的成本风险管理具有典型意义。

在冷轧薄板项目的建造过程中加入绿色施工工艺，如果在实施过程中能够合理规划，严格控制，在一定程度上可以节约工程成本。但是，因为冷轧薄板项目的工艺复杂性和建造精确性，使得在建造过程中，采用绿色建造工艺不当反而会增加建造成本，这对冶金施工单位的成本管理工作是极其不利的。

所以本书在项目选择上，主要以冷轧薄板项目为例来研究冶金工业项目的绿色建造技术，在研究项目成本风险管理的问题时，以冶金工业项目工程成本形成规律为基础，归纳整理影响冶金工业项目的成本风险因素，预测冶金工业项目的工程成本在各种成本风险因素的影响下的发展趋势，以及各种风险因素之间的相互影响作用，从而得出对工程成本风险进行优化与控制的基础资料，再采用系统动力学和 F 线性规划理论对冶金工程成本进行优化与控制，同时，在风险识别、风险评估、风险优化、风险控制的基础上考虑绿色建造技术对工程成本造成的风险以及提供的经济效益以及环境效益补偿。为了使研究更具有针对性，在采用案例时，主要是以冷轧薄板项目的具体工艺作为案例。

2.2.1 冶金工业项目绿色建造技术可行性分析

2.2.1.1 冶金工业项目推行绿色建造技术的保障

冶金工业项目一般采用工程总承包模式，业主将冶金工业项目的设计、施工与采购委托给一个工程总承包公司，工程总承包公司对项目业主负责。采用工程总承包模式有利于冶金工业项目的承包商从工程项目总体的角度统筹资源，减少环境负影响，实现资源和能源的高效利用。

在一般情况下，建筑设计与建筑施工往往分属不同单位，在设计图完成之前，还不知道项目的施工单位，更不要说相互沟通，施工单位只能是照图施工。其结果是施工中不断发生设计变更，造成管理成本增加、工期拖延、投资超额、资源浪费，这与绿色建造的理念背离。工程总承包模式促使承包商从工程总体出发，从设计、施工工艺、设备选型、材料选择和工程造价等方面进行全面统筹，从而提高工程建造过程的能源利用效率，减少资源消耗，有利于工程项目综合效益的提高。

2.2.1.2 冶金工业项目推行绿色建造技术的手段

建筑设计与施工中的浪费和损害环境的现象相当普遍。据美国1999年有关部门统计，由于超预算、错误设计与施工造成返工、工期拖延、管理不当等带来的损失与浪费，约占投资总额的30%。应用BIM技术可以减少异议和错误发生的可能，减少"错、缺、漏、碰"现象的出现。美国斯坦福大学整合设施工程中心（CIFE）根据32个项目总结了使用BIM技术具有以下优势：可以消除40%预算外的更改；使造价估算的精度控制在3%以内；可以缩短80%造价估算时间；通过发现和解决冲突，将合同价格降低10%；项目工期缩短7%，及早实现投资回报。BIM在冶金工业项目的应用与发展，不但节约资源、提高生产率，而且有利于产业升级，是实现冶金工业项目绿色建造的重要手段。

2.2.1.3 冶金工业项目绿色建造技术的有效方式

建筑工业化的主要标志是实现"四化"即建筑设计体系标准化、构配件生产工厂化、现场施工装配机械化和工程项目管理科学化。有资料显示，采用工厂化生产的建筑，具有进度可控、质量可控、成本可控等优势，施工周期仅为传统方式的1/3，可节约钢筋水泥20%～30%，节约木材80%，水消耗可以降低60%，人工费降低50%，大大减少了施工现场粉尘、噪声、污水等污染，仅建筑垃圾就可减少80%，总体造价降低10%以上。另外，建筑工业化大量应用新技术、新材料、新设备和新工艺，使建筑隔声、隔热、保温、耐火等性能大大改善，提升了建筑使用的舒适性、健康性。建筑工业化还有利于建筑业由劳动密集向技术密集转变。

2.1.1.4 冶金工业项目绿色建造的物质基础

绿色建材采用清洁生产技术，大量使用工业或城市固态废物生产，其产品具有无毒害、无污染、无放射性等优点，而且对废物进行回收利用，也有利于人体健康和环境保护。这与绿色建造的核心理念是一致的。绿色建材是实现绿色建造的物质基础。

2.2.2 冶金工业项目绿色建造技术成本可优化分析

2.2.2.1 绿色建筑与绿色建造成本关系分析

绿色建造是绿色建筑全寿命周期的一个组成部分，是随着绿色建筑概念的普及而提出来的。绿色建造与绿色建筑一样，是建立在可持续发展理念上的，是可持续发展思想在建造中的体现。

绿色建筑主要是从项目业主的角度考虑，在满足国家相关环境政策的前提下，使项目整个全寿命周期的能源消耗等指标达到最低，从而使得项目的全寿命周期成本最低，绿色建筑主要是从技术角度解决能耗问题，所以其主要研究放在项目的规划与设计阶段，在此阶段，由业主方及设计人员决定项目后期运行所用的新技术、新工艺，这就决定绿色建筑是建立在技术创新基础之上的。绿色建筑使用了新技术、新工艺虽然能够保证项目的全寿命周期成本最低，但是往往会使得项目的建造成本变高。

绿色建造主要是从施工承包商的角度考虑，在满足国家环境保护相关政策及业主的要求前提下，采用管理与技术手段来保证项目建造阶段的能耗指标达到最低，实现节能减排与施工承包商的建造成本降低的目的。在这一个阶段，承包商的管理能力与技术创新与应用能力都会影响绿色建造的实施，从而影响承包商的成本。

具体到冶金工业项目来说，绿色建筑是一个比较新的领域，尤其在应用方面，作者通过大量资料发现，绿色建筑的研究与应用主要集中在大型公用项目与住宅建筑上，工业项目绿色建筑的研究与应用非常少。在当前国家提倡环境保护与绿色建筑的前提下，冶金工业项目也势必加大绿色建筑技术的投入力度，最终会体现在新技术与新工艺的应用上，这种变化在有些情况下会导致建造成本的增加。承包商采用传统方法对运用新技术、新工艺的绿色冶金项目报价势必存在报价偏低的风险，在当前冶金建筑市场萎缩、竞争激烈的情况下，本已经利润微薄的冶金建筑施工企业如果在报价上存在失误，最终会导致整个项目的亏损。而且，当前建筑市场是买方市场，冶金建筑市场也不例外，项目业主往往利用自己的优势地位将成本风险转嫁给承包商。这些不利因素决定了冶金工业项目的承包商必须采用必要手段降低成本风险，技术与经济相结合是降低成本最有效的方法，技术就体现在项目建造过程中采用绿色建造新技术，经济主要体现在从管理的角度去降低成本风险。

2.2.2.2　绿色建造技术指标体系

在绿色建造项目中，技术指标体系主要从节材、节水、节能、节地与建造用地保护措施、环境保护措施、绿色建造管理 6 个方面考虑，绿色建造技术指标的分解如图 2.1 所示。

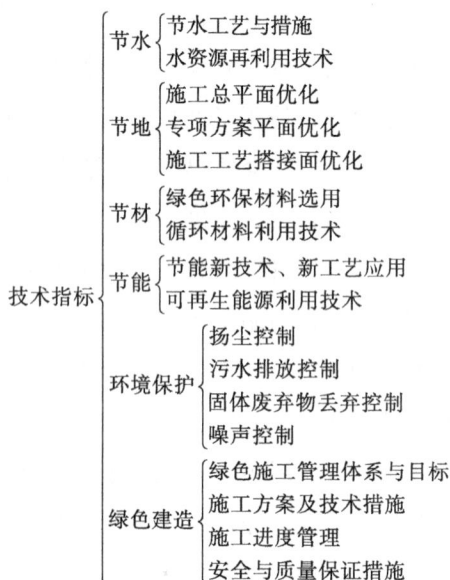

```
                          ┌ 节水工艺与措施
                  节水  ──┤
                          └ 水资源再利用技术
                          ┌ 施工总平面优化
                  节地  ──┤ 专项方案平面优化
                          └ 施工工艺搭接面优化
                          ┌ 绿色环保材料选用
                  节材  ──┤
                          └ 循环材料利用技术
                          ┌ 节能新技术、新工艺应用
                  节能  ──┤
  技术指标 ──┤            └ 可再生能源利用技术
                          ┌ 扬尘控制
                          │ 污水排放控制
                环境保护 ─┤ 固体废弃物丢弃控制
                          └ 噪声控制
                          ┌ 绿色施工管理体系与目标
                          │ 施工方案及技术措施
                绿色建造 ─┤ 施工进度管理
                          └ 安全与质量保证措施
```

图 2.1　绿色建造技术指标分解体系

2.2.2.3　冶金工业项目成本优化分析

冶金工业项目工程成本优化主要从以下 4 个方面来进行。

1. 投标报价优化

冶金工业项目的投标报价是工程成本风险管理的第一个环节，报价精确与否直接决定项目是否能中标，中标后是否存在利润空间。太低的报价会直接把成本风险转移给施工建造阶段，而有时候这部分亏损是无法在建造阶段进行弥补，所以首先要把好投标报价关。当前冶金建筑市场的绝大部分项目都是采用CM管理模式，这种模式的特点是实施周期较短，但是也有一些缺点，主要体现在投标阶段，施工图纸还没有设计出来，冶金工业项目的施工承包单位的投标报价不能根据施工图纸来进行详细、精确的计算，往往是经验报价所占比例大于数据计算所占比例，这就导致投标报价的精确度不高。冶金施工企业具有60多年的行业内施工经验，积累了大量成本原始资料与数据，利用统计学等数学原理对其进行处理，形成格式化，程序化的成本报价模型对于投标报价的精确度提升有很大帮助。

2. 施工工艺优化

在建造阶段通过采用新工艺、新方法降低施工建造的能耗，采用周转材料降低材料费用等手段也是成本优化的有效手段。建造阶段采用新工艺、新材料等绿色建造技术与降低成本之间并不矛盾，甚至从某种意义上来说，优化与降低施工成本属于绿色建造的范畴。

3. 成本风险预警系统

耗散结构理论可概括为：一个远离平衡态的开放系统，通过不断地与外界交换物质和能量，推动系统组元状态的不断调整，当某些组元达到一定的临界值时，系统状态的波动可能导致突变的发生，使系统由原来的混沌无序状态转变为一种在时间上、空间上或功能上的有序状态，这种在远离平衡的非线性区间形成的新的稳定的宏观有序结构，由于需要不断与外界交换物质或能量才能维持，因此被称为耗散结构。从冶金工业项目的投标开始直至项目竣工验收结束，影响工程成本的风险因素是一直在发生变化的，成本风险是一个复杂系统，具有耗散结构特征，这就决定了成本风险因素对工程成本的影响不仅会随时发生变化，而且有时候这些风险因素的组合对成本的影响是突然的、巨大的。在整个冶金工业项目的建造过程中对成本风险因素进行预警，可以起到预防成本风险发生。

4. 成本管理优化与控制技术

系统论研究指出，系统由"非优"与"优"组成，成本预警是研究系统中的"非优"问题，使问题不向着不利方向发展。而成本优化与控制就是研究系统中的"优"的实现，由于人类知识的局限性，对系统问题的处理有时候不可能达到"最优"，只能取得相对"较优的满意解"，因此，通过一定的技术手段，可以将系统中的问题进行优化，取得"较优解"。

2.3 冶金工业项目绿色建造目标与成本风险关系分析

整个冶金工业项目是一个系统，系统是具有整体性的。根据系统论的观点，具有独立功能的系统要素和要素间的相互关系是根据逻辑统一性的要求，协调存在于系统之中。任何一个要素不能离开整体去研究，要素间的联系和作用也不能脱离整体的协调去考虑。脱离了整体性，要素的机能和要素间的作用便失去了原来的意义，研究任何事物的单独部分不能得出有关整体的结论。当采用绿色建造技术时，会引起项目目标的变化，反过来项目目标又会对成本构成一定的影响。

2.3.1 质量目标与成本关系分析

从不同角度分析，质量目标与成本的关系是不一样的，对于项目业主来说，其成本表现为基本建设成本与项目后期运营成本之和，也就是全寿命周期成本。在一般情况下，项目的基本建设成本投入越多，表明项目采用了新技术，从而其后期运营成本就会越低。而从施工单位的角度来说，其成本主要是限定在施工承包实施阶段，所以，其质量目标与成本目标存在正增长关系，也就是说，项目要求的质量越高，施工单位的成本投入就会越大。施工单位在投标报价时要考虑质量因素引起的成本上升，在施工过程中遵循满足国家相关法律、标准、规范及业主要求的基础上，尽量采用能降低项目建造成本的新工艺、新技术。

一般情况下，冶金工业项目的质量要求是比较高的。以冷轧薄板项目为例，冷轧薄板主要是生产各种电器用的薄板，电器产品对薄板的质量与精度要求非常高，单纯薄板厚度的控制就是一项非常复杂的工艺，所以冷轧薄板项目的建造同样要求很高的质量与精度，稍差一点的质量事故可能导致最终的冷轧薄板质量不合格。在冶金工业项目中融入绿色施工概念，首先要考虑此项措施是否会对工程的质量目标造成影响，在不影响最终质量目标，甚至能提升质量目标的前提下，才要考虑采用绿色建造技术对项目成本的影响，如果采用绿色建造技术对项目成本的影响是正面的，即降低了成本，此时的绿色建造工艺当然是最为恰当的，但是，这种情况也要考虑为了采用绿色建造技术而使项目面临成本增加可能的风险因素。如果采用绿色建造技术在质量上能够满足要求，但是会增加工程成本，这时可以采用价值工程的原理衡量质量增加、节能减排和成本上升的性价比，在性价比增加的情况下，能够取得业主的支持，可以采用绿色建造技术。

2.3.2　工期目标与成本关系分析

在正常施工条件下，工期增加，会增加施工企业的人工费、设备折旧费和财务费用。但缩短工期，一般情况下就要加大资源投入，也会增加成本，即工期缩短时，直接费增加而间接费相应减少；工期延长时，直接费减少，间接费增加。总费用在成本与工期的坐标图上形成马鞍形曲线。工期短有极限，工期长也有极限，当工期长到一定程度时，直接费不但不减少反而增加，间接费也加大，这样整个工程项目的成本就加大。如图 2.2 所示，通常我们把坐标图上的马鞍形成本曲线投影到工期横坐标的点 A 和 B 之间的工期称为合理工期，因为这段时间工程成本较小，而且变化幅度小，而马鞍形曲线的最低点 C 为最佳工期，比最短工期 A 点要节省成本。究竟选择 A 点还是选择 C 点作为工期控制目标，这与整个项目的机动裕量有关。

冶金工业项目的业主一般希望项目能尽快投入生产，这样业主的资金

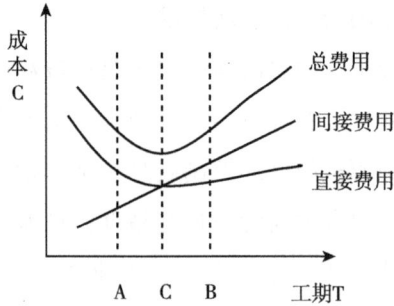

图 2.2　工期目标与成本关系

就可以尽快开始回收,这就造成冶金工业项目的工期非常紧张。而且在一般情况下,其工期在招标中都明确规定,如果不按照约定工期完工,施工单位会面临较大的经济处罚。这就是说,冶金工业项目是在限定的工期内进行施工的,如果不按期完工,施工企业所面临的经济处罚甚至比赶工期所付出的资源投入还要大。施工企业的工期风险会增加成本风险,所以,冶金项目的工期与成本关系就变成在工期约束条件下的成本优化问题。有鉴于此,冶金工业项目在采用绿色建造工艺的时候应该充分考虑其是否对工期带来拖延,而且其拖延是位于进度计划的关键线路还是非关键线路,如果因为采用绿色建造技术而造成工程工期的大幅度增长,尽量不采用绿色建造工艺,如果绿色建造工艺对工期的影响较小,或者没有位于关键线路上,在采用绿色建造技术反而节省工期的情况下,这个时候采用绿色建造技术是非常合适的。比如,冷轧薄板项目的工业厂房一般为桁架钢结构形势,其屋面板如果采用整体拼装、整体吊升的方式,不仅能够增加精度、节约工期,而且因为吊装次数的减少,使得起吊设备的能耗降低,达到了节能减排的绿色施工工艺要求,同时还降低了成本。

2.3.3　安全目标与成本关系分析

安全成本分为保证性安全成本和损失性安全成本,保证性安全成本指的是为防止出现安全事故的发生而采取安全措施花费的成本;损失性安全成本指的是因为没有发现安全隐患而导致安全事故的出现造成的成本损失。很多文献表明，构成安全成本的保证性安全成本和损失性安全成本是相互联系和影响的，并随着安全保证水平的变化而变化。一般来讲，安全保证水平越高，保证性安全成本越高，损失性安全成本越低，并且安全成本总额随着安全保证程度的由低到高变化，而由高到低，又由低到高变化，如图 2.3 所示。可以看出，在安全成本曲线上可以找到经济安全成本的 Q_0 点，依此 Q_0 点可以确定横轴上的 E_0 点和纵轴上的 C_0 点，其中，E_0 就是我们所说的期望安全保证程度，C_0 就是安全成本最佳投入量。

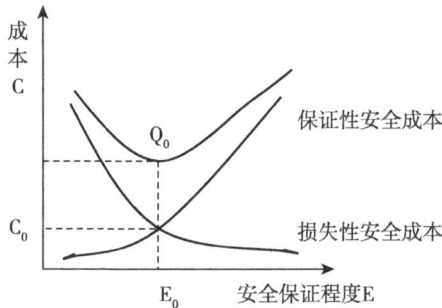

图 2.3　安全目标与成本关系

采用绿色建造技术的目标与安全目标在本质上是一致的，即都是为了给建造者和使用者提供一个安全、舒适的生产与生活环境，所以，从安全意义上来考虑，应该采用绿色建造技术，但是因为绿色建造技术在工程实践中，尤其是在冶金工业项目上运用得还较少，几乎没有成熟的方法供参考，这样可能会存在一些安全风险因素，最终造成损失性成本的上升，所以，在采用绿色建造技术时要考虑其安全性和适应性。

2.4　冷轧薄板项目工艺介绍

2.4.1　冷轧薄板项目构成

冶金工业项目中的冷轧薄板项目的分部工程主要由土木工程、金属结构制作与安装、机械设备机组、管道安装、电气设备等组成，其构成如图2.4所示。

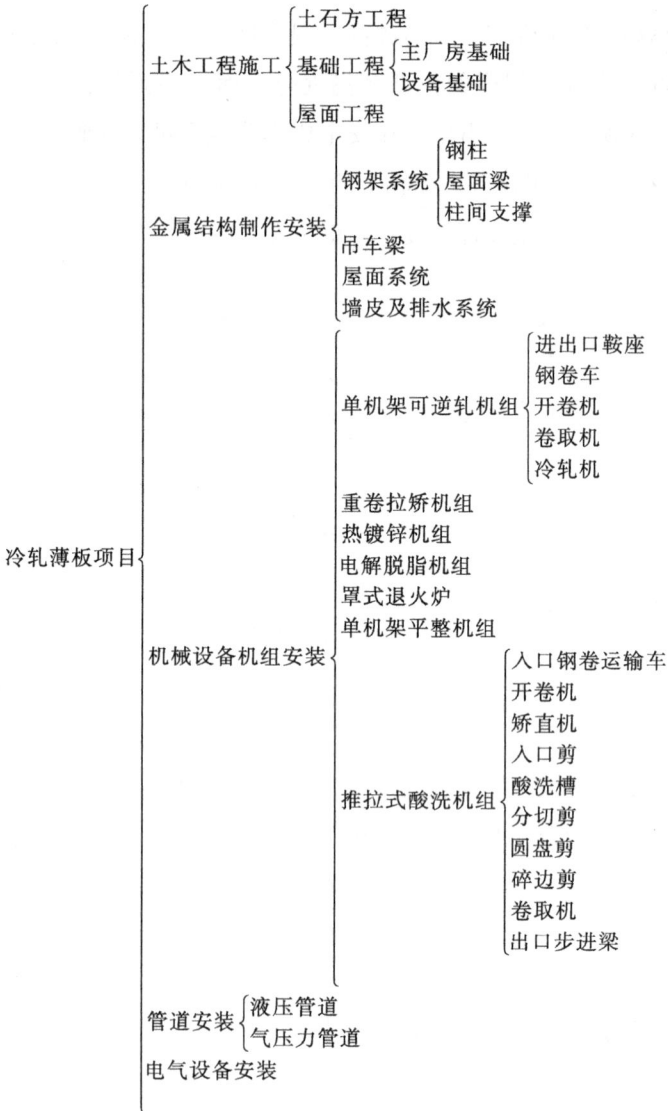

图2.4 冷轧薄板项目构成

2.4.2 冷轧薄板项目总体工艺流程

冷轧薄板项目总体工艺流程如图 2.5 所示。

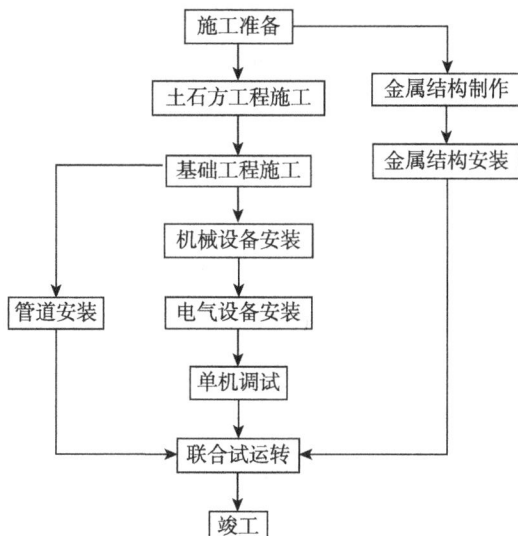

图 2.5　冷轧薄板项目施工工艺

2.5　天津轧一搬迁改造工程项目概况

本书接下来的研究是基于天津轧一搬迁改造工程基础之上的，现将其工程概况介绍如下。

2.5.1　项目内外部环境条件

天津轧一搬迁改造工程位于天津市渤海新区大港经济开发区，是由天津渤海钢铁集团和天津冶金集团共同投资兴建的新型钢铁轧材生产项目，其生产线采用冷轧、镀锌、彩涂连续化生产作业，利用先进的进口设备生产冷轧薄板、涂镀层板。计划建成后生产规模为 300 万吨，包括 110 万吨的热浸镀锌钢卷、40 万吨彩涂钢卷和 150 万吨的冷轧薄板。整个项目工程建设分为两期完成，其中，第一期生产规模为90万吨，第二期生产规模为210万吨，总建设期为5年。其中，一期项目计划投资14.5亿元人民币，项目占地面积20公顷，其中，热轧酸洗卷30万吨，冷轧卷30万吨，家电及建筑用冷轧热镀锌轧板卷30万吨。项目设计单位是中冶南方工程技术有限公司，监理单位是天津泰达国际咨询监理有限公司，工程施工由天津二十冶建设有限公司承建。

2.5.2 项目承包范围

天津二十冶施工承包范围包括冷轧薄板主厂房的建筑与安装工程。

主厂房基础及设备基础系统±0.000相当于绝对标高3.750m，采用预应力高强混凝土管桩基础，其中桩承台及拉梁采用C30级混凝土，设备基础±0.000以下采用C30.S8防水混凝土，±0.000以上采用普通C30混凝土，设备基础垫层上表面标高分别为−10.10m、−8.20m、−6.50m、−6.10m、−2.00m。

项目共包括如下机组：推拉式酸洗机组、单机架可逆轧机、热镀锌机组、电解脱脂机组、罩式退火炉、单机架平整机组、重卷拉矫机组等。项目轧机组为2套轧机机组，每套机组重约800吨，总重约1600吨，包括进出口鞍座、钢卷车、开卷机、卷取机、冷轧机等，其中轧机牌坊为最重单件，重67吨。酸洗机组分为三段，包括一个入口段、一个工艺段和一个出口段，主要设备有入口钢卷运输车、开卷机、矫直机、入口剪、酸洗槽、分切剪、圆盘（切边）剪、碎边剪、卷取机、出口步进梁等，共计约800吨。

各种介质管道估计约为1万米压力管道，包括液压管道和氢气、氮气、蒸汽、压缩空气等介质管线，按材质分为碳钢管和不锈钢管。

钢架系统包括钢柱、屋面梁、柱间支撑；钢柱分单侧柱头和双侧柱头两种形式，上柱为实腹式工字形柱，下柱为双肢钢管混凝土柱，柱脚为插入式柱脚，柱底标高为−2.5米，长度为19米，单侧柱头钢柱重量为10.5吨，双侧柱头钢柱重量为12.5吨；屋面梁为实腹式变截面H形钢，与柱头连接采用焊接与普通螺栓混合型连接，翼缘为双面单铲坡口焊接，腹板采用双侧夹板角焊缝焊接。

吊车梁系统包括吊车梁、辅助桁架、制动板、水平支撑、垂直支撑、车挡、栏杆，其中，吊车梁与制动板板、柱子与吊车梁上翼缘、柱间支撑弹簧板处、水平支撑与吊车梁连接板连接均采用 10.9 级扭剪型高强螺栓连接，其他结构节点为普通螺栓连接和焊接形式连接，制动板为双面角焊缝焊接，最重吊车梁为 4.9 吨。

屋面系统包括屋面檩条、水平支撑、拉条、天沟以及天窗底座，天窗为成品通风器，由厂家进行安装，单轨吊系统位于 325 线至 326 线、330 线至 331 线、338 线至 339 线，其中，檩条为实腹式 H 形钢，最重檩条为 1.6 吨位于单轨吊处。

墙皮系统主要包括墙皮柱、墙皮檩条及拉条，墙皮柱为 H 形钢，檩条为 C 形钢，部分采用槽钢。

工程钢结构总量约为 2500 吨，钢柱材质为 Q345B，部分材质为 Q235B，屋面梁材质为 Q345B。吊车梁材质为 Q235C，辅助系统为 Q235B，屋面系统材质为 Q235B。钢柱与钢梁全部采用扭剪型高强度螺栓连接，钢梁、钢柱腹板均变板宽，配料时应合理套裁、降低材料消耗。

2.5.3　项目绿色建造技术应用情况

天津扎一搬迁改造工程绿色科技创新建造技术应用情况如表 2.1 所示。

表 2.1　绿色建造技术成果

序号	创新内容	成果名称	研究成果	成果认定
1	软土地基深基坑支护采用双排非连续布置预应力混凝土管桩夹截水帷幕＋顶部钢冠梁的支护结构	软土地基深基坑支护结构	将传统的灌注桩连续布置支护或连续墙支护的结构形式中的混凝土冠梁改为钢结构冠梁，避免了混凝土冠梁拆除造成的材料浪费、环境污染及增加的二氧化碳排放量	国家知识产权局已受理发明创造专利申请；被天津市科学技术委员会鉴定为国内领先水平科技成果
		钢结构桁架与预应力管桩连接节点	运用循环经济理念，利用钢结构冠梁可提前预制、施工便捷、可重复利用的优势，有效缩短了施工工期	国家知识产权局已受理发明创造专利申请

序号	创新内容	成果名称	研究成果	成果认定
2	打桩施工采用加长型送桩器	加长型送桩器	将传统的4米送桩器变更为9米，直接送桩至设计标高，节省了截桩及挖土时间，减少了工程成本、能源消耗和工程垃圾污染，降低了二氧化碳排放量	国家知识产权局已授权为实用新型专利
3	可移动式生活垃圾收集及处理装置	粪便有机垃圾降解制气装置	产生的沼液用于施工现场盐碱等劣质土地的改良，用于绿化，改善生态环境	国家知识产权局已受理发明创造专利申请
		移动式生活垃圾收集及处理装置	项目部可以进行移动办公，远程管理，可大幅节约办公费、通信费、差旅费及资料费，提高管理效率和经济效益，降低二氧化碳排放量	天津市东丽区科学技术委员会科技创新专项资金资助50万元
4	项目管理采用集成化管理信息系统	集成化管理信息系统整体解决方案	项目部可以进行移动办公，远程管理，可大幅节约办公费、通信费、差旅费及资料费，提高管理效率和经济效益，降低二氧化碳排放量	天津市东丽区科学技术委员会科技创新专项资金资助50万元
5	钢结构屋面梁节点新连接技术	大跨度门式钢结构钢架柱、梁连接节点	将传统的高强螺栓安装方法改为普通螺栓＋焊接的安装方法，提高施工质量，节省施工时间，降低二氧化碳排放量	国家知识产权局已授权为实用新型专利
6	液压系统在线循环酸洗新技术	使用弱酸进行液压系统的在线循环酸洗	将传统液压系统在线循环酸洗采用的盐酸配制溶液改为用柠檬酸配制溶液，节省了酸洗时间，减少了原使用硫酸所造成的环境污染	已在本公司及同行业其他液压系统施工中进行推广

绿色科技创新建造技术应用分布如图2.6所示。

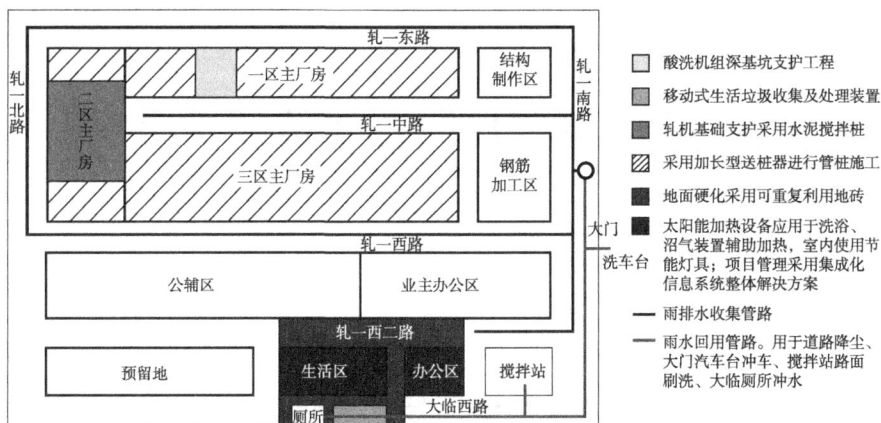

图2.6 绿色科技创新建造技术应用分布

3 冶金工业项目绿色建造技术研究

3.1 冶金工业项目绿色建造技术总体策略

冶金工业项目绝大部分采用 EPC 总承包模式，使得设计与施工成为一个整体，在设计的时候考虑施工实施的可行性与高效性，在施工中遇到的问题能够及时反馈给设计单位。这就为冶金工业项目提供了一个便利条件，使得项目在施工过程中能够充分考虑设计给予的支持，故以下冶金工业项目绿色建造技术总体策略的重点是放在绿色施工体系的实现措施和绿色建造工艺流程上（以冷轧薄板项目为例），其研究角度主要从施工角度进行考虑，同时兼顾设计。

3.1.1 合理进行厂区规划

在进行冶金工业项目的规划设计之前，要充分了解项目的实际情况。需要把影响施工的环境因素、后期运营的运输问题和劳动资源的提供以及区域规划等因素都考虑进去。在进行总平面图设计时，要减少各部分之间的干扰，保证其各个功能区间能够相对独立运营。为了减少冶金工业项目基本建设投资，在考虑到各部分功能不受影响的前提下，应该把各部分的布置尽量紧凑，减少不必要的浪费。为了给工作人员创造舒适的工作与办公环境，尽量多种途径地增加绿化率。

3.1.2　冶金工业项目建筑绿色策略设计

绿色策略设计从建筑师角度帮助建筑师思考，采用各种不同的技术手段，着手绿色建筑设计，实现绿色建筑功能。

3.1.2.1　结构选型与可持续发展

冶金工业项目由于生产工艺要求，厂房具有连跨、多跨、高跨且体量大的特点。近年来，我国钢产量提高很快，使钢结构厂房得到大力发展。采用钢结构，可以加快施工进度，缩短产品投产时间，提高经济效益。钢结构材料污染小，它的回收率、利用率高，有利于可持续发展，因此，它的综合效益好。

根据以上理念，在大、中型厂房设计中，常采用下列形式：

（1）柱子：上柱为工字形实腹钢柱；下柱为格构式双肢钢柱。

（2）屋面：变截面工字形实腹钢屋面梁。

（3）吊车梁：焊接工字形钢吊车梁。

（4）墙面和屋面：彩色压型钢板。

3.1.2.2　围护结构与新型建材

建筑物围护结构包括屋面、天窗、墙体、门窗和地面，随着经济发展及绿色建筑的要求，原来传统的建筑材料不能满足要求，逐渐被新型的节能材料所代替。

墙体传热在建筑物总体传热中所占的比例最大，采用保温节能墙体。外墙的保温方式根据保温层位置的不同可分为外墙外保温、内保温和中空夹芯复合墙体。其中，外保温应用范围大，可延长主体结构寿命，减少建筑物热桥，增强外墙抗渗性能与防火性能，扩大使用面积。近几年来，较为成熟的外保温技术有：采用聚合物砂浆复合聚苯；贴聚苯板抹抗裂砂浆耐碱网格布增强；大模板内置聚苯板与混凝土现浇；胶粉聚苯颗粒外墙保温；厂房墙体采用双层压型板中间填岩棉、玻璃棉或矿棉等保温材料；采用五防高强轻体墙板，它是变废为宝的绿色建材，是国家级专利新型建材，以稻草、秸秆等农业废弃物以及无胶凝材料、玻璃纤维为主要原料，具有质量轻、强度高、隔音好、抗冲击、抗弯曲、防水、防火、防震、保温隔热、防老化和防裂等优点，可节约工程总造价的 6% ～10% 。

3.1.2.3 自然通风与天然采光

1. 绿色建筑的风环境是影响建筑能源的重要因素

合理的建筑自然通风可以通过对流带走室内热空气的热量，降低室内空气温度，从而提高人体的舒适度；可以加速建筑围护结构与外界的热交换，降低对室内的热辐射。

建筑既要考虑夏季的隔热和降湿，又要适应冬季的保温和保湿。

在进行平面或剖面功能设计时，除了考虑空间的使用功能，也要对其热产生或热需要进行分析。一方面，通过建筑形体、设计、朝向和建筑群的布局等，根据当地风玫瑰取得最大的自然通风。建筑物的高度、长度和深度对自然通风也有很大影响。另一方面，建筑物的平面形状及建筑群的布置方式也会引起室内气候的变化。为获得良好的室内通风质量，合理的风速、风量和风场分布需设计合理的建筑平面和剖面，避免或减少在建筑内部布置一系列互相不联通的房间，以致对气流产生较大的阻力，影响自然通风效果。

2. 绿色建筑的采光环境

良好的采光环境可取得良好的经济效益和环境效益，并影响建筑的风格。它除给建筑带来热工性能外，还给人带来视觉舒适、心情愉快和健康安全的感受。利用建筑围护结构的开窗形式，创造全新的建筑外观形象。冶金工厂建筑为改善建筑物内光照环境质量，尽量减少人工照明用电，而采用天然采光以节约能源。

3.1.2.4 绿色建筑与立面造型

在绿色建筑的设计中，利用节能环保建筑材料，可创造全新的建筑外观形象，在冶金工业项目设计中，厂房立面形式多年一个样，常规设计为屋面布置纵向天窗，墙面布置上下两条带形窗，缺少变化、无活力。近年来，由于采用全钢结构，设计增加了灵活性、多样性，在立面选型上有了新的创意、新的风格。

1. 某厂轧钢车间立面设计（见图3.1）

图3.1 某厂轧钢车间立面设计

该车间位于南方炎热地区，根据工艺生产要求，围护结构需满足通风、隔热和采光要求。车间立面上部分按竖向分格，下部分按水平带形分格；上部分布置玻璃钢采光带，下部分布置水平百页进风窗和玻璃通风采光窗，屋面布置横向通风器，墙面和屋面均为彩色压型钢板，并加岩棉隔热。这样设计既满足了通风、采光和隔热的要求，车间立面也打破了过去常用的带形窗处理手法，并且立面上采用钢板和玻璃钢色彩形成了韵律变化，给人一种新的视觉感受。

2. 湖北某钢厂冷轧车间立面设计（见图3.2）

该车间位于长江流域宜昌地区，闷热、潮湿，车间多跨，厂房高度大，纵向长度可达1200米，横向宽度156米。对于这种大型的厂房，立面设计考虑到既要统一，又要有变化，对立面压型钢板墙进行了水平和竖向相结合的布置，并且对采光板进行了一定的造型设计，给人以新颖的感觉。并在立面色彩上采用了深灰、浅灰和浅黄几种色彩墙板进行组合变化，打破冗长单调的一条墙面感觉，营造现代冶金工厂新形象。

图 3.2　某钢厂冷轧车间立面设计

3. 某轧钢厂食堂立面设计（见图 3.3）

图 3.3　某轧钢厂食堂立面设计

该食堂位于南方炎热地区，规模大、功能多，设计考虑 2000 个座位。根据建设方意见，全部采用钢结构，围护结构采用压型板（中间加隔热层），立面设计突破压型板材单调的处理手法，而采用纵横线条相结合，线条规律变化，力求在统一中有变化，在变化中求统一，形成新颖的立面造型。

3.1.2.5　门窗与建筑节能

门窗应具有良好的透光性、装饰性，而且要有良好的隔热保温性能，夏季能阻止热量进入室内，冬季能阻断室内热量传出室外。目前，节能效益较好的新型门窗主要有 PVC 门窗、铝木复合门窗、铝型复合门窗和玻璃钢门窗等。

门窗是建筑物围护结构的主要组成部分之一，也是影响建筑节能因素之一。一般普通窗户的保温隔热性能比外墙差很多，窗墙面积比较大，采暖和空调能耗也越大。因此，从降低建筑能耗的角度出发，必须限制窗墙面积比。我国幅员辽阔，南北方、东西部地区气候差异很大，因此，不同纬度地区窗墙面积也应有所差别。

通过调查表明，太阳辐射对建筑能耗的影响很大，为了节约能源，应对窗口和透明幕墙采取外遮阳措施，尤其是南方的行政管理和生活福利设施更要重视遮阳。

3.1.2.6　绿化与环境

1. 绿化的生态功能

①遮挡阳光、降低温度、实现建筑节能；②减尘降噪；③吸收有害气体，净化空气；④防火防灾；⑤增加空气中负氧离子含量，调节人体身心健康；⑥具有良好的景观功能和文化功能。

2. 发展屋顶绿化

由于冶金工业项目、厂房大多为单层且密度大，绿化面积少，除了加强地面植被面积外，发展屋顶绿化也是植物生态系统的重要部分。它与城市园林一样，给人们一种绿色情趣的感受，调节人的神经系统，消除人的紧张与疲劳，还可发挥绿色的生态效益。我国南方一些城市的工厂车间、办公楼、仓库等建筑利用平屋顶的空地开展农副产品生产，种植瓜果、蔬菜，发展屋顶绿化，可为员工提供舒适环保的工作生活空间，并可改善厂区建筑景观。

3.1.3　发展高效节能厂房

为了保证冶金工业厂房在受到市场变化影响时的规模变化及生产工艺

调整，应该建造通用厂房，避免简单的重复建设。另外，在进行冶金工业厂房建设的时候应该考虑到高效节能，采光考虑采用清洁无污染的太阳能，部分热水也可以考虑采用太阳能提供能源加热，采用合适的工业废渣收集系统，减少对环境的污染，另外，回收的冶金工业废渣可以作为副产品，以增加总体效益。

3.1.4 采用绿色结构体系

绿色建筑的结构体系应该具备以下属性：①建筑结构使用的材料为绿色建材，有利于冶金工业建筑的可持续发展。②结构的构成单元具有可替代性，可以方便及时地更换，延长结构的使用年限，减少维修的次数，降低造价。③建筑结构施工装配简单、施工速度快，可节约人工成本。目前，采用比较多的绿色结构体系有：①轻钢结构体系（见图3.4）。具有自身质量轻、强度高、装配简单、施工速度快和可回收利用等优点，应用比较广泛。②RBS建筑体系（见图3.5）。由速成墙与钢筋混凝土共同受力形成的一种结构体系。RBS材料为硬质高分子聚合物，其系列构件生产为挤出聚料无污染绿色生产工艺。这种系统具有结构延性良好、结构质量轻的优点。墙体材料可插接，强度高而质量轻，运输便捷，施工速度快，拆除

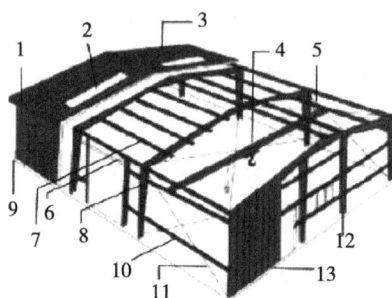

1—隔热墙板；2—采光带；3—屋面板；4—吊车；5—吊车梁；
6—檐口；7—檩条；8—主框架；9—纵墙面；
10—墙面檩条；11—交叉拉索；12—抗风柱；13—山墙板

图3.4 轻钢结构体系示意图

后也可循环再利用；原材料资源丰富低廉，大批量综合利用工业副产品石膏，生产能耗低。

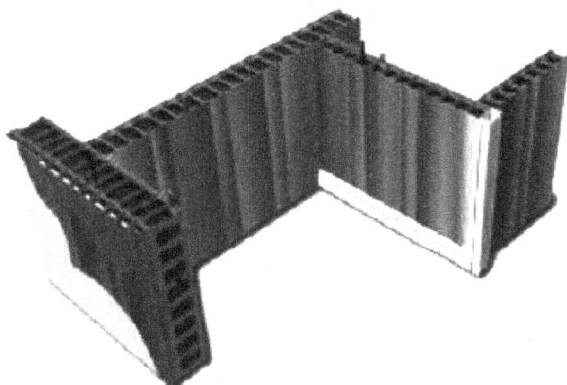

图 3.5   RBS 建筑体系示意

3.1.5   采用节能减排的绿色施工技术

绿色施工是绿色设计的实现阶段，也是绿色建造目标能否实现的关键环节。在施工阶段，采用节能减排的绿色施工技术是实现绿色建造目标的重要手段。绿色施工首先要识别出施工过程中可能造成的环境影响以及资源消耗关键环节，从而有针对性地加以控制，采用先进的施工工艺和生产设备，利用绿色管理标准和模式进行整个施工阶段的管理。

绿色施工技术是绿色施工的基础，是指在工程建设中，在保证质量和安全等基本要求的前提下，通过科学管理和技术进步，最大限度地节约资源，减少对环境负面影响的施工活动。传统工程施工的既定目标只有工期、质量、安全和企业自身的成本控制目标等，因此，承袭下来的传统施工工艺、技术和方法往往对环境影响的考虑不够，推进绿色施工技术必须摒弃造成严重污染排放的工艺方法、改造影响人身安全环境和居民身心健康的设备设施、保护资源和提升资源利用率等，这是建筑业奉行国家节能减排和降耗方针政策的重要措施。

绿色施工技术包括以下几个方面：基坑施工封闭降水技术，包括工程降水对施工安全和周边环境影响，以及防治技术，施工降水回灌以及循环利用技术；施工过程水回收利用技术，包括雨水回收利用技术和现场生产废水利用技术；建筑外围护结构的保温隔热技术，包括各种外墙保温隔热技术、自保温隔热技术、门窗节能保温技术、建筑遮阳隔热技术；采暖空调通风系统节能技术；太阳能与建筑一体化应用技术，包括太阳能与建筑光热一体化和光电一体化；绿色混凝土施工和应用技术包括绿色混凝土和砂浆搅拌站设备制造技术、循环使用临时道路、临时建筑和设施技术、节能降耗和降噪的新型施工机具技术、砂浆输送、喷射与摊平装备技术、施工作业网络化监管技术；绿色施工环境效果检测技术等。

3.1.5.1 基坑施工封闭降水技术

目前，城市建设正向地下空间迅速发展，深层施工降水带来的水资源浪费已经成为焦点问题。基坑封闭降水是指在基坑周边增加渗透系数较小的封闭结构，从而有效阻止地下水向基坑内部渗流，再抽取开挖范围内的少量地下水，从而减少地下水的浪费，因此，2010年版绿色施工技术增加了该内容。

传统基坑施工时，降水是用水泵连续抽排，地下水的浪费很大。基坑施工封闭降水技术多采用基坑侧壁帷幕或基坑侧壁帷幕＋基坑底封底的截水措施，阻截基坑侧壁和基坑底面的地下水流入基坑，同时采用降水措施抽取或引渗基坑开挖范围内的现存地下水的降水方法；帷幕常采用深层搅拌桩防水帷幕、高压摆喷墙、旋喷桩作止水帷幕、地下连续墙。其特点是抽水量少，不影响周边环境，不污染周边水源，止水系统配合支护体系一起设计降低造价。

在使用时应根据土层性质和特点、水层性质、基坑开挖深度、封闭深度和基坑内井深度综合考虑，尤其应注意公式的选取。

本技术适用于有地下水存在的所有非岩石地层的基坑工程。

3.1.5.2 施工过程中水的回收利用技术

施工过程中水的回收利用技术包括雨水回收利用技术与基坑施工降水

回收利用技术。施工过程水的回收利用包含整个工程施工期间除饮用水外的消防、降尘、车辆冲洗、厕所冲洗、结构施工养护（主要为混凝土养护）、基坑支护用水（如土钉墙支护用水）、土钉孔灌注水泥浆液用水、施工砌筑抹灰和装修施工等所有用水；其特点是减少人工、节约抽水的用电量、降低工程成本、减少地下水的使用、节约水资源等，因此，2010 年版增加了该内容。

基坑施工降水回收利用技术包含两项：①利用自渗效果将上层滞水引渗至下层潜水层中，可使大部分水资源重新回灌至地下的回收利用技术；②将降水所抽水集中存放，用于施工过程中用水等回收利用技术，适用于在地下水面埋藏较浅的地区。

雨水回收利用技术是指在施工过程中将雨水收集后，经过渗蓄、沉淀等处理，集中存放，用于施工现场过程中用水等回收利用技术。

现场施工时可将基坑施工降水回收利用和雨水回收利用共用一套蓄水池和沉淀池系统，并与冲洗池和雨水引水管相连；冲洗后的水应再次进入沉淀池，以重复使用。

基坑施工降水回收利用技术根据测算现场回收水量和现场实际情况，制作蓄水箱，箱顶制作收集水管入口，与现场降水水管连接，并将蓄水箱置于固定高度（根据所需水压计算），回收水体通过水泵抽到蓄水箱，水箱顶部设有溢流口，溢流口连接到马桶等冲洗水箱入水管，溢水自然排到用户水箱，水箱的底部设有水闸口，水闸口可以连接各种用水管（施工用水水管等），用于现场部分施工用水。

3.1.5.3 预拌砂浆技术

考虑到预拌砂浆符合国家节能减排的产业政策，即保留了 2005 年版预拌砂浆的主要内容，分为干拌砂浆和湿拌砂浆两种。2005 年版按使用功能的不同将干拌砂浆分为若干种类型，考虑到目前各种类型的砂浆均有产品标准，故在新版中没有细分类，但各种类型的干拌砂浆均属于本节内容，性能指标按照产品标准即可，适用于工业与民用建筑施工有要求的地区。

3.1.5.4 外墙自保温体系和工业废渣及（空心）砌块应用技术

2010 年版中外墙自保温体系施工技术和工业废渣及（空心）砌块应用技术中保留了 2005 年版中的蒸压加气混凝土砌块、轻集料混凝土小型空心砌块等内容，技术指标均采用最新标准；增加了绿色建材和废物利用的粉煤灰蒸压加气混凝土砌块、磷渣加气混凝土砌块、磷石膏砌块、粉煤灰小型空心砌块等内容，增加了放射性水平的要求。

工业废渣及（空心）砌块应用技术主要强调各种砌块的构成和产品性能，外墙自保温体系施工技术强调施工的整体性，施工时注意节点构造的处理和砌筑砂浆的选择，处理好完全可达寒冷地区、夏热冬冷地区和夏热冬暖地区外墙节能要求，处理不好可能出现冷桥，降低围护结构的保温隔热效果，影响室内舒适度，适宜在寒冷地区、夏热冬暖地区和夏热冬冷地区使用。

3.1.5.5 粘贴式外墙外保温隔热系统施工技术和外墙外保温岩棉（矿棉）施工技术

两项技术的主要内容均为 2005 年版内容，考虑到这两种外墙保温技术是目前应用最广、最为成熟的技术体系，因此继续推广。

粘贴式外墙外保温隔热系统施工技术中的粘贴聚苯乙烯泡沫塑料板外保温系统的内容与 2005 年版的膨胀聚苯薄抹灰外墙外保温体系相同，但保温板可以是模塑或挤塑聚苯乙烯泡沫板，当使用挤塑板时胶黏剂和抹面胶浆一定与挤塑板配套，否则会出现挤塑板脱落等问题，技术指标按《外墙外保温工程技术规程》（JGJ144—2008）和《膨胀聚苯板薄抹灰外墙保温体系》（JG/T149—2003）执行；材料进场时注意燃烧性能检验结果，同时，应注意层高和防火隔离带等问题。

外墙外保温岩棉（矿棉）施工技术是 2010 年版增加的内容，由于该系统具有良好的防火性能，适用于高层和超高层建筑，产品性能符合《建筑用岩棉、矿渣棉绝热制品》（GB/T19686—2005）。施工时注意岩棉（矿棉）板的导热系数、质量吸湿率、憎水率、压缩强度、酸度系数等项目的检验结果，检查的岩棉（矿棉）外保温系统的型式检验报告中水蒸气渗透当量空气层厚度、吸水量、耐冻融和耐候性，这些性能直接影响保温层的寿命和质量；施工工艺和方法按《外墙外保温工程技术规程》执行，一定要和粘钉结合使用。但外墙外保温岩棉（矿棉）系统不适宜采用面砖饰面；适宜在严寒、寒冷地区和夏热冬冷地区使用，尤其适合在防火要求高的建筑中使用。

3.1.5.6 现浇混凝土外墙外保温施工技术

现浇混凝土外墙外保温施工技术中的现浇混凝土模板内置（聚苯板）外墙外保温体系是 2005 年版的内容，TCC 建筑保温模板施工技术是 2010 版新增加的内容。

TCC 建筑保温模板体系是一种保温与模板一体化的体系，该技术将保温板辅以特制支架形成保温模板，在需要保温的一侧代替传统模板，并同另一侧的传统模板配合使用，共同组成模板体系。模板拆除后结构层和保温层即成型。TCC 建筑保温模板系统的特点是保温板可代替一侧模板，可节省部分模板制作费用，且由于保温板安装与结构同步进行，可节省外檐装修工期，缺点是保温板作为模板的一部分，对保温板的强度要求较高且受混凝土侧压力的影响，不易保证保温板的平整度。保温板的选择压缩强度应大于 250kPa，推荐采用 XPS 板，如果用 EPS 板，表观密度应大于 25kg/m³；保温板排版设计应和保温模板支架设计结合，确保保温板拼缝处有支架支撑；须设计墙体不需要保温的一侧的模板，使之与保温模板配合使用；如果设计为两侧保温，则墙体两侧均采用保温模板；适宜在严寒、寒冷地区和夏热冬冷地区使用。

3.1.5.7 硬泡聚氨酯外墙喷涂保温施工技术

硬泡聚氨酯外墙喷涂系统是指将硬质发泡聚氨酯喷涂到外墙外表面，并达到设计要求的厚度，然后作界面处理，用砂浆或胶粉聚苯颗粒保温浆料找平，薄抹抗裂砂浆，铺设增强网，再做饰面层。由于聚氨酯导热系数低，是常用的保温材料中保温性能最好的材料，因此，2010 年版增加了该技术。

技术特点：聚氨酯具有很高的自黏结强度，对混凝土、木材、金属、玻璃都具有很好的黏结性；不需要机械锚固件辅助连接，施工具有连续性，整个保温层无接缝；聚氨酯硬泡体在低温下不脆裂，高温下不流淌、不粘连、能耐温120℃。燃烧中表面碳化，无熔滴。耐弱酸、弱碱侵蚀。施工时应注意环境情况，如温度、基面湿度、风力等影响现场喷涂质量；对操作人员的技术水平要求严格；造价较高；适宜在严寒、寒冷地区和夏热冬冷地区使用。

3.1.5.8 铝合金窗断桥技术

铝合金窗断桥技术指采用隔热断桥铝型材、中空玻璃、专用五金配件、密封胶条等辅件制作而成的节能型窗，该技术在我国发展很快，2005年是高档产品，2010年已经进入普通住宅了，现在多用三腔框体型材，三腔或五腔框扇型材，如果配低辐射率玻璃，节能效果可满足严寒和寒冷地区要求。为了增加铝合金窗的寿命，规定了型材的厚度。

施工时注意副框或框扇与主体连接缝隙的处理，不要产生冷桥，目前使用的断桥铝合金窗多数为平开上悬（下悬）窗，安装完成后要调整平整度和角度，密封条的质量对气密性非常重要，这些条件均满足，才能达到预期的节能保温和隔声效果；适宜在严寒、寒冷地区和夏热冬冷地区使用。

3.1.5.9 太阳能与建筑一体化应用技术

该技术为2010年版新增内容。太阳能在建筑方面的应用可分为光热转换和光电转换两种形式。

光热转换一般采用集热器，集热器的安装实现了太阳能与建筑的完美结合，建筑一般为尖顶，集热器像天窗一样镶嵌于坡屋面、平铺于屋脊、壁挂于墙体或阳台外板，与建筑融为一体；防水结构设计合理；屋顶承重小；储热水箱在地下室、阁楼或楼梯间隐藏放置，不占室内空间，避免屋顶承重；热水的用途不仅仅是洗浴，还用来供暖和提供生活用水。

太阳能与建筑光热一体化按《民用建筑太阳能热水系统应用技术规范》（GB50364—2005）和《太阳能供热采暖工程技术规范》（GB50495—2009）要求施工。

施工过程应注意：保护屋面防水层，防止屋面渗漏；上下水管保温，最好放置室内减少热损；防雷、防风措施，消除安全隐患；安装位置宜在屋顶或阳台处；高寒地区应有防止结冰炸管的措施。

光电转换一般采用太阳能发电整体屋顶技术，它采用结构设计的方法把太阳能电池组件发电方阵形成一个整体屋顶建筑构件来替代传统建筑物南坡屋顶，实现了太阳能发电和建筑的完美结合。

太阳能与建筑光电一体化按《民用建筑太阳能光伏系统应用技术规范》（JGJ203—2010）技术要求施工。建议在群体建筑上造太阳能光伏发电厂，太阳能屋顶示范项目必须大于 50 千瓦·时，即需要至少 400 平方米的安装面积，一般集中在学校、医院和政府等具有一定规模的公用和商用建筑。不建议在单栋建筑上做太阳能发电项目。适宜在严寒、寒冷、夏热冬暖和夏热冬冷地区使用。

3.1.5.10 供热计量技术

2005 年版供热计量为全国试点，没有成熟的经验，没有标准依据。近年来，我国进行计量供热工程试点所积累的经验都有力地证明了供热计量是保障城市集中供热运营稳定、健康发展的一项重要措施，也是节能、减排、改善大气环境、提高城市居民生活水平的必要手段。《供热计量技术规程》（JGJ173—2009）为强制性标准，适用于民用建筑集中供热计量系统的设计、施工、验收和节能改造，该标准规定了热计量装置的设计、安装和调试要求，强调水力平衡的重要性。

供热计量技术是对集中供热系统的热源供热量、热用户的用热量进行计量，包括热源和热力站热计量、楼栋热计量和分户热计量。热源和热力站热计量应采用热量计量装置进行计量，热源或热力站的燃料消耗量、补水量、耗电量应分项计量，循环水泵电量宜单独计量。分户热计量是以住宅的户（套）为单位，以热量直接计量或热量分摊计量方式计量每户的供热量。

供热计量技术除在施工环节按设计进行外，调试也很重要，同时要注意室内温度传感器的位置和数量，如果每户仅在起居室内设一个温度传感器，则将导致仅有起居室达到温度要求，而其他房间温度低。

3.1.5.11 建筑外遮阳技术

建筑外遮阳技术是 2010 年版新增加的内容。建筑遮阳可以有效遮挡太阳过度辐射，减少夏季空调负荷，在节能减排的同时，还具有提高室内热舒适度、减少眩光、提高室内视觉舒适度等优点，分为内遮阳、外遮阳和中置遮阳。内遮阳主要有百叶帘、软卷帘、天棚帘、曲臂遮阳篷；外遮阳主要有百叶帘、硬卷帘、软卷帘、曲臂遮阳篷；中置遮阳为在中空玻璃中间有遮阳百叶。由于内遮阳多为用户自行安装，因此，推广以建筑外遮阳和中置遮阳技术为主。

目前，我国颁布的住房和城乡建设部行业技术标准有《建筑遮阳通用要求》（JG/T274—2010）、《建筑遮阳热舒适、视觉舒适性能与分级》（JG/T277—2010）等 20 多部，有技术要求、产品标准和方法标准，我国建筑遮阳标准体系基本形成，建筑遮阳在我国进入快速发展时期，正确引导是非常重要的。

建筑遮阳设计应根据当地的地理位置、气候特征、建筑类型、建筑功能、建筑造型、透明围护结构朝向等因素，选择适宜的遮阳形式；应兼顾采光、视野、通风、隔热和散热功能，严寒、寒冷地区不应影响建筑冬季的阳光入射。建筑不同部位、不同朝向可根据其所受太阳辐射照度，依次选择屋顶水平天窗（采光顶），西向、东向、南向窗；北回归线以南地区必要时还宜对北向窗进行遮阳。

建筑外遮阳选用原则：南向、北向宜采用水平式遮阳或综合式遮阳；东西向宜采用垂直或挡板式遮阳；东南向、西南向宜采用综合式遮阳。建筑内遮阳和中间遮阳的选用原则：遮阳装置面向室外侧宜采用能反射太阳辐射的材料；可根据太阳辐射情况调节其角度和位置。遮阳装置与主体结构的连接方式应按锚固力设计取值和实际情况确定。适宜在严寒、夏热冬暖和夏热冬冷地区使用。

3.1.5.12 植生混凝土

植生混凝土是 2010 年版新增加的内容，植生混凝土技术可分为多孔混凝土的制备技术、内部碱环境的改造技术及植物生长基质的配制技术、植生喷灌系统、植生混凝土的施工技术等。根据植生混凝土所在部位分为护堤植生混凝土、屋面植生混凝土和墙面植生混凝土。

护堤植生混凝土主要由碎石或碎卵石、普通硅酸盐水泥、矿物掺和料（硅灰、粉煤灰、矿粉）、水、高效减水剂材料组成，在护堤的同时还有美化环境的作用。护堤植生混凝土主要是利用模具制成的包含有大孔的混凝土模块拼接而成，模块含有的大孔供植物生长；或是采用大骨料制成的大孔混凝土，形成的大孔供植物生长；强度范围在 10MPa 以上；容重为 1800 ~ 2100kg/m³；孔隙率≥15%，必要时可达 30%。

屋面植生混凝土由轻质骨料、普通硅酸盐水泥、硅灰或粉煤灰、水、植物种植基材料组成。主要是利用多孔的轻骨料混凝土作为保水和根系生长基材，表面敷以植物生长腐殖质材料；混凝土强度在 5 ~ 15MPa；容重为 700 ~ 1100kg/m³；孔隙率为 18% ~ 25%。

墙面植生混凝土由天然矿物废渣（单一粒径 5 ~ 8mm）普通硅酸盐水泥、矿物掺和料、水、高效减水剂组成，主要是利用混凝土内形成庞大的毛细管网络，作为为植物提供水分和养分的基材；混凝土强度在 5 ~ 15MPa；容重为 1000 ~ 1400kg/m³；孔隙率为 15% ~ 20%。

3.1.5.13 透水混凝土

透水混凝土是 2010 年版新增加的内容，透水混凝土是既有透水性又有一定强度的多孔混凝土，其内部为多孔堆聚结构。透水的原理是利用总体积小于骨料总空隙体积的胶凝材料部分地填充粗骨料颗粒之间的空隙，即剩余部分空隙，并使其形成贯通的孔隙网，因而具有透水效果。透水混凝土在满足强度要求的同时，还需要保持一定的贯通孔隙来满足透水性要求，因此，在配制时除选择合适的原材料外，还要通过配合比设计和制备工艺以及添加剂来达到保证强度和孔隙率的目的。

透水混凝土由骨料、水泥、水等组成，多采用单粒级或间断粒级的粗骨料作为骨架，细骨料的用量一般控制在总骨料的 20% 以内；水泥可选用硅酸盐水泥、普通硅酸盐水泥和矿渣硅酸盐水泥；掺和料可选用硅灰、粉煤灰、矿渣微细粉等；混凝土强度为 15～30MPa；透水性≥1mm/s；孔隙率为 10%～20%。

透水混凝土的施工主要包括摊铺、成型、表面处理、接缝处理等工序。表面处理主要是为了保证提高表面观感，对已成型的透水混凝土表面进行修整或清洗；其伸缩缝应等距布设，间距不宜超过 6 米。施工后采用覆盖养护，洒水保湿养护至少 7 天，养护期间要防止混凝土表面孔隙被泥沙污染。

透水混凝土的日常维护包括日常的清扫、封堵孔隙的清理。清理封堵孔隙可采用风机吹扫、高压冲洗或真空清扫等方法。

3.2 冶金工业项目绿色建造技术环境控制关键技术

3.2.1 环境控制关键措施

3.2.1.1 环境影响措施

影响环境的措施主要从以下 8 个方面考虑：①控制噪声污染；②控制固体废弃物；③控制大气污染；④控制光污染；⑤控制放射性污染；⑥控制水污染；⑦控制土壤污染；⑧控制对周边区域的安全影响。

3.2.1.2 能源利用与管理措施

在施工过程中，为了增加能源的利用效率，减少施工过程中的污染，应该制定合理有效的节能减排措施，主要包括对施工工艺进行改进，采用高效的冶金生产设备，尽量利用可再生能源。

1. 节约能源消耗的措施

应该制定合理的节能制度，采取合理有效的节能措施，减少施工过程中的能源消耗。

2. 制定资源优化措施

在施工过程中，尽量采用洁净的能源和可再生能源来代替污染性的能源。

3.2.1.3 材料与资源措施

制定此项措施要充分利用施工现场内的资源，从而达到节能减排的目的，它主要包括材料节约措施、材料选择措施、资源再利用措施和就地取材措施。

3.2.1.4 水资源管理措施

主要是增强施工过程中用水控制，以达到节约水资源的目的，其主要包括水资源的节约措施、水资源的利用措施等。

3.2.2 绿色建造管理

3.2.2.1 绿色建造管理的内涵

所谓绿色建造管理，是指工程承包单位根据经济社会可持续发展的要求，把生态环境保护观念和有益于业主和公众身心健康的理念融入工程承包单位的建造过程中，从项目管理的各个环节着手来控制污染与节约资源，以实现承包单位的可持续发展，达到企业经济效益、社会效益、生态效益的有机统一。绿色建造管理通过从上层决策到基层实施，从机构设置到人员培训，从建筑设计到施工生产的全过程，从决策者到全体职工处处树立环保观念，使建筑企业及其产品适应环保时代的需要，增强了企业及其产品的市场竞争能力。建筑企业的绿色建造管理包含了绿色经营思想、绿色产品开发、绿色生产过程、绿色技术保证体系等内容。建筑施工企业实施绿色管理，要达到 3 个主要目标：一是物质资源利用的最大化，通过集约型的科学管理，使企业所需要的各种物质资源最有效、最充分地得到利用，使单位资源的产出达到最大最优；二是废弃物排放的最小化，通过实行以预防为主的措施和全过程控制的环境管理，使生产建造过程中的各种废弃物最大限度地减少；三是适应市场与业主需求的产品绿色化，根据市场与业主的需求，开发对环境、对使用者无污染和安全、优质的产品。三者之间是相互联系、相互制约的，资源利用越充分，环境负荷就越小；产品绿色化又会促进物质资源的有效利用和环境保护。通过这 3 个目标的实现，最终使企业发展目标与社会发展目标协调同步，走上企业与社会都能可持续发展的双赢之路。

3.2.2.2 绿色建造管理的内容

1. 树立绿色建造管理新理念

树立绿色建造管理理念，企业与项目管理者要深入学习研究绿色建造管理和可持续发展的理论，制定绿色建造管理战略，运用绿色理念来指导规划、设计和施工，并切实实施"绿色设计"，实施"绿色工程"，发动员工进行一场全方位的"绿色革命"；企业技术人员要从设计与施工方面减少或消除污染，并从污染控制转向清洁生产，提高生态效率。施工单位在建设项目施工阶段，应严格按照环境保护法律、法规和项目工程设计文件的环境保护要求，以及与建设单位（业主）签订的承包合同中的环境保护条款，做好污染防治和生态保护措施。企业全体员工要培育"绿色建筑""绿色施工"和"绿色管理"的意识，使"环保、生态、绿色"的理念深入人心。

2. 强力打造建筑业的绿色产品——绿色建筑

绿色建筑不仅可为人类提供健康、舒适的工作、居住、活动空间，同时可最高效率地利用能源、最低限度地影响环境。建筑企业通过开发绿色建筑代替传统建筑，有利于企业占领市场，扩大市场占有率。加上政府出台的一系列环保政策和法规，使实行绿色建造管理的企业可以享受一定的优惠和政策倾斜，对企业的吸引力很大。

3. 大力推行绿色施工

建筑施工阶段具有生产周期长、资源和能源消耗量大、废弃物产生多等特点，因此，在施工阶段推行绿色施工对于减少施工过程中对环境的影响意义重大。实施绿色施工，企业在节省能源、降低成本的同时，还能赢得质量、赢得信誉，进而占领建筑市场。

4. 积极参与绿色认证 ISO 14000

认证体系是国际贸易中的绿色通行证，是发达国家经常采用的一种技术壁垒。取得该认证，即意味着企业的绿色管理质量得到国际社会的认可。现在很多建筑企业对施工过程中环境的控制非常重视，已率先通过 ISO 14001 环境管理标准认证的企业普遍反映：通过建立并运行环境管理体系，在环境效益、经济效益和社会效益等方面都取得了显著成效，例如，减少物耗、能耗，降低了生产成本，增加了企业的经济效益，同时，还提高了全员的环境意识，减少了环境污染，树立了企业的良好形象，使企业提高了参与国际市场竞争的能力。

5. 建立绿色建筑标准和评估体系

近年来，许多国家推出了绿色建筑标准和评估体系，以健康舒适的居住环境、节约能源和资源、减少对自然环境影响为目标，从场地规划与土地利用、自然和生态环境影响、节约资源和资源再利用等方面对建筑产业进行引导，也在客观上促进了绿色建筑和绿色建造管理的普及。随着我国绿色建筑标准和评估体系的不断完善，建筑企业绿色建造管理的科技含量将越来越高。绿色建造管理作为一种以环保、生态等绿色价值观为指导思想的新型战略经营模式，既与社会经济的可持续发展相适应，又与企业的可持续成长相适应。绿色建造管理将是 21 世纪企业在国际市场竞争中获胜的保证。

3.2.2.3 绿色建造管理的实施

绿色建造管理主要包括组织管理、规划管理、实施管理、评价管理、人员安全与健康管理 5 个方面。

1. 组织管理

总承包单位应建立绿色建造管理体系，并制定相应的管理制度与目标。相应的制度包括节约土地管理制度、节能管理制度、节水管理制度、节约材料与资源利用制度以及环境保护制度（扬尘污染管理制度、有害气体排放管理制度、水土污染管理制度、噪声污染管理制度、光污染管理制度等）。分包单位应服从项目部的绿色建造管理，并对所承包工程的绿色建造负责。

总承包项目经理为绿色建造第一责任人，负责绿色建造的组织实施及目标实现，对施工现场的绿色建造负总责，并成立独立、专业绿色建造管理部门，定期开展自检、考核和评比工作。

2. 规划管理

总承包项目经理部应在施工组织设计中编制绿色施工方案，该方案应在施工组织设计中独立成章，并按有关规定进行审批。如所涉及的工程对环境有重大影响时，总承包单位应编制专项绿色施工组织设计（方案）。分包单位必须依据已审批过的施工组织设计编制对应工程的绿色建造方案，并报总承包单位进行审核，审核合格后方可组织工程施工。

绿色施工组织设计（方案）应包括以下内容：

（1）环境保护措施

针对资源保护、职业健康、固体废弃物和生活废弃物的排放控制等方面，总承包单位应根据整个项目施工特点，统一制订环境管理计划及应急救援预案，并采取有效措施，降低环境负荷，例如，设置废弃物专门处理站，集体回收处理；混凝土、钢结构应统一工厂化完成，减少废料、边料的产生；施工作业人员生活、工作统一管理等。

（2）节材措施

在保证工程安全与质量的前提下，总承包单位应注重材料节约、重复利用等方面，采取相应的措施，提高工程材料的利用率，例如，进行整个项目施工组织设计的节材优化，并审核分包单位对应方案的编制；板材、型材等下脚料和散落的混凝土以及砂浆应回收利用等。

（3）节水措施

总承包单位应根据工程所在地的水资源状况，采用先进的节水施工工艺，提高水资源的综合利用，例如，喷洒路面、绿化浇灌和混凝土养护等方面用水可采用中水系统，统一实施；针对不同的分包单位，确定生活与工程用水的定额指标，并分别计量管理。

（4）节能措施

总承包单位应发挥自身的优势，对整个项目进行施工节能策划，确定目标，制定节能措施。例如，工程所需材料应统一采购、运输，以提高各种机械的使用率和满载率，降低设备的单位耗能；总承包单位应根据项目特点，合理安排施工顺序、工作面，以减少作业区域的机具数量，相邻作业区充分利用共有的机具资源。

（5）节地与施工用地保护措施

总承包单位应根据施工规模和现场条件，合理确定临时设施用地，保证场地的有效利用，例如，各分包单位所需加工厂、作业棚、材料堆场、办公区、生活区应整体规划布置；总承包单位应要求各施工单位集中堆放土方，并进行遮盖处理，防止水土流失等。

总承包单位应对绿色建造费用进行专项管理，确保绿色建造费用专款专用，为提高绿色建造效率奠定经济基础。总承包单位应对分包单位绿色建造费用的使用进行监督、检查，保证该费用的有效使用。

3. 实施管理

总承包项目经理部应根据工程项目的建造特点，结合项目安全、质量、进度和费用/成本目标，明确绿色建造控制要点以及现场建造过程的控制目标等，强化管理人员对控制目标的理解，将控制目标作为实际管理操作的限值进行管理。

绿色建造应对整个施工过程实施动态管理，总承包单位应严格执行绿色施工组织设计（方案）中"四节一环保"的各项措施，加强对各分包单位施工策划、施工准备、材料采购、现场施工、工程验收等阶段的管理和监督，收集各个阶段绿色建造控制的实测数据，并定期将实测数据与控制目标进行比较，出现问题时，应分析原因，从组织、管理、经济、技术等方面制定纠偏和预防措施并予以实施，逐步实现绿色建造管理目标，保证绿色施工高效、有序地实施。

总承包单位应结合工程项目的特点，与各施工单位一起通过出宣传手册、工地挂宣传标语等多种形式，广泛进行宣传教育，营造有利于实行绿色建造的良好氛围和运行环境。总承包项目部应加强对技术和管理人员以及一线技术人员的分类培训，通过培训使企业职工正确全面地理解绿色建造，充分认识绿色建造的重要性，并熟悉掌握绿色建造的要求、原则、方法，增强绿色建造的责任感和紧迫感，尽早保障绿色建造的实施效率。

4. 评价管理

绿色建造管理体系中应建立评价体系，总承包单位应结合工程特点，根据绿色建造方案，对整个工程（包括分包、专业承包项目）的绿色建造效果和工程所采用的新技术、新设备、新材料与新工艺进行自评估。

总承包单位应成立自己的专家评估小组，分阶段对绿色建造方案、实施过程进行综合评估，判定绿色建造管理效果，根据评价结果对方案、施工技术和管理措施进行改进、优化。

5. 人员安全与健康管理

总承包单位应贯彻执行 ISO 14000 和 OHSAS 18000 管理体系，制定施工防尘、防毒、防辐射等防止职业危害的措施，并监督、检查各分包单位对职业危害健康措施的落实情况，定期组织本单位、各分包单位对从事有毒有害作业人员进行职业健康培训和体检，指导操作人员正确使用职业病防护设备和个人劳动防护用品，保障施工人员的长期职业健康。

总承包单位应对施工场地进行统一规划，合理布置，保护生活和办公区不受施工活动的有害影响。施工现场应设立卫生急救、保健防疫等制度，并编制突发事件预案，设置警告提示标志牌、现场平面布置图和安全生产、消防保卫、环境保护、文明施工制度板、公示突发事件应急处置的流程图等。

总承包单位应统一对施工人员的住宿、膳食、饮用水等生活与环境卫生进行管理，改善施工人员的生活条件，保障每位员工的身体健康和心理健康，要实行人性化管理，让员工有归属感和自豪感。

3.2.2.4　绿色建造管理的"十化"应用

1. 总体管理集约化

集约化指在社会经济活动中，在同一经济范围内，通过经营要素质量的提高，要素含量的增加，要素投入的集中以及要素组合方式的调整来增进效益的经营方式。集约是相对粗放而言，集约化经营是以效益（社会效益和经济效益）为根本对经营诸要素重组，以实现最小成本获得最大的投资回报。在建造过程中通过集约化管理，减少不必要的资源浪费和成本投入，通过相对精细化的管理，控制成本的投入及资源利用。

2. 施工管理数字化

在项目管理中采用数字化管理手段，提高效率，加强控制，减少非可再生资源的利用。项目在建造管理中把现场信息进行数字化统计，把复杂信息转化为可度量的数字，再对数字进行对比分析，对分析得出的重点调控工序加以注意，可达到提高效率的目的；同时在现场设置摄像头把实际施工操作转为数字化内容，不仅可以对现场实时控制还可以追溯对比。

3. 能源消耗最小化

能源消耗最小化是指利用各种方式减少能源消耗。在建造管理中注意各种大量耗能项目的控制，主要是对电、水、油的控制。

4. 循环利用最大化

循环利用是指改变了建筑垃圾性状，作为一种新材料在工程中使用。循环材料的回收利用可以节约能源，减少垃圾占地面积，也降低了收集和处理垃圾的费用，材料的回收利用还可减少废弃物。

5. 绿色教育常态化

绿色施工的教育学习不应该只是在办公室、会议室进行，而应该是一种常态化的教育学习，即可以在日常工作中随时随地进行。在施工现场，工人工作的时间很宝贵不能随便占用，采取在上下班的人口、安全通道、厕所等人员常去的地方设置图片、文字宣传栏，这样就可以让工人及管理人员在日常工作中了解到绿色施工的一些常识，然后再结合定期组织的绿色施工教育学习，能使施工人员对绿色施工的做法和工程中的应用有进一步的了解和认知。常态化的绿色教育学习不仅可以让施工人员对绿色施工有初步的认识，还能让他们在绿色施工中养成良好的习惯。

6. 工具、机具标准化

现在国家在工程中大力推广工具、机具的标准化，这也是工程发展的一个趋势。做到了标准化才能进一步规范整个行业，才能对施工中的能耗作出一个准确的统计，才能更好地实现绿色施工。

7. 生产办公无纸化

生产办公无纸化也是国家近年来大力提倡实施的施工管理方式，提倡生产办公无纸化不仅可以节约木材资源，也可提高生产效率，加快信息传播。

8. 生活管理人性化

所谓人性化管理，即在整个项目建造管理过程中充分注意人性要素，以充分发掘人的潜能的管理模式。其具体内容包含对人的尊重，充分的物质激励和精神激励，给人提供各种成长与发展机会，注重企业与个人的双赢战略，制订员工的职业规划等。实行人性化管理一方面是对现在大形势下人性化推广的一个响应，另一方面，实行了人性化管理后大大提高了建造人员的积极性和工作效率。这让建造人员对项目管理认同，让工人产生归属感，也让管理人员与建造人员之间的关系更加融洽。

9. 设计方案再优化

设计方案不仅应满足业主要求，还应该满足建造要求。然而，一般的设计方案达不到这种要求，这就需要对设计方案进行再优化，优化的目的一方面是要省工省料提高效益；另一方面是要提高效率、节省资源。通过设计方案再优化能有效降低施工消耗，提高施工效率。

10. 绿色建材源头化

绿色建材源头化是指就近购买施工所用的材料及设备等，缩短运距、减少油料消耗，在当地购买材料的比例达到80%以上。

3.2.3 绿色技术在冶金工业项目中的应用状况

3.2.3.1 绿色技术的内涵

绿色技术是受环境价值观影响而产生的一类科学技术，即指在发展和应用提高生产效率的同时，能够提高资源和能源利用率，减轻污染负荷，改善环境质量的技术。绿色技术的主要内容包括能源技术、材料技术、催化剂技术、分离技术、生物技术和资源回收技术等。绿色技术不仅涉及领域广泛，而且渗透在产品生命周期的全过程。就产品而言，绿色技术可指导原材料采集与加工、产品制造、包装与运输、消费者使用与维修、产品的最终再循环与作为废弃物处置的全过程。绿色技术的理论体系包括绿色观念、绿色生产力、绿色设计、绿色生产、绿色化管理、绿色处置等一系列相互关联的概念。

绿色建筑体系是以绿色技术为支撑的，它是以地域性传统技术、现代科学技术成就、先进的高新技术等经过优化选择而产生的适宜性技术。同时，智能材料和智能资源的应用，使绿色技术向智能化方向发展。绿色技术的应用既有经济目标，更有环境目标，以环境、社会、经济效益统一为原则。绿色技术应用于绿色建筑中，它不是独立于传统建筑技术的全新技术，而是用"绿色"的眼光对传统建筑技术的重新审视，是传统建筑技术和新的相关学科的交叉和组合，是符合可持续发展战略的新型建筑技术。

3.2.3.2 冶金工业项目绿色技术的内容

目前在冶金工业项目绿色建筑中应用的绿色技术主要有以下7种。

1. 利用可再生能源

①太阳能墙板室内供热系统；②太阳能供水系统；③太阳能照明系统。

2. 建筑节能技术

建筑节能要考虑项目全生命周期内的节能，既要考虑到设计节能、施工节能，同时也要考虑到在以后运营过程中的节能。

3. 绿色建筑材料技术

此项技术是采用对人体无害的绿色建筑材料，尽量采用固体废弃物等来生产对人体无毒、无副作用的建筑材料。

4. 雨水收集系统

此项技术是把雨水进行收集、净化处理后，等水质达到合适标准时，将其作为非饮用水来使用，以达到节约水资源的目的。

5. 垃圾处理技术

此项技术主要包括冶金工业项目生产和生活过程中产生垃圾的处理。

6. 生态园林技术

此项技术是利用生态学的原理将施工范围内变成自净化的生态圈。

7. 施工新技术

此项技术不仅能够加快施工进度、提高施工质量，而且还能达到降低成本，增加收益的目的。

3.3 冷轧薄板项目基础工程绿色施工工艺

3.3.1 主厂房基础施工工艺

主厂房基础施工工艺流程如图 3.6 所示。

主厂房基础施工的重点放在保证杯型基础中心线位置准确、防止杯口模板侧移、混凝土浇筑时芯模浮起和拆模时芯模起不出等问题。为防止这些问题的出现，主要采取如下施工措施：①管桩基础承台支模前应首先找准中心线位置，先在轴线桩上找好中心线，用线坠在垫层上标出两点，弹出中心线，再由中心线按图弹出基础承台四面边线，要兜方并进行复核，然后依据线条支模。②杯芯模板要刨光直拼，外表面涂刷隔离剂，根据情况确定模板底部设置φ30孔洞数量，以便排气，减少浮力。此外，浇筑混凝土时，在芯模四周要均衡下料、振捣。③上阶模板底部要设置牢固的模板支架（采用螺纹Φ22钢筋焊接），此外脚手板不得搁置在基础承台上阶模板上，防止造成模板向下位移。④拆除杯芯模板时间，要根据施工时的气温及混凝土凝固情况来掌握，在终凝前后用锤轻打，撬棍拨动，再徐徐拔出拆模，切不可拆模过晚。

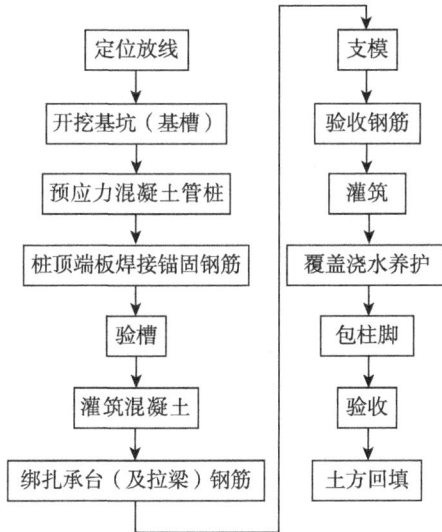

图 3.6 主厂房基础施工工艺流程

3.3.2 设备基础施工工艺

3.3.2.1 混凝土与模板工程

主厂房设备基础施工工艺流程如图 3.7 所示。施工中的重点与难点应该放在模板工程与混凝土工程，主要为控制混凝土的平整度和截面尺寸，保证模板的刚度、强度和模板支撑系统的稳定性，能可靠地承受浇筑混凝土的重量和侧压力以及各种施工荷载，降低大体积混凝土的水化热以及混凝土施工缝的处理。采取措施具体为以下几项：

垫层厚度为 100mm，支模采用沿垫层边线设置 50mm × 100mm 方木（方木均经压刨找平），方木支撑在基坑壁上；设备基础墙、柱、板以及斜面填充混凝土支模均采用规格 2440mm × 1220mm × 15mm 木模板，50mm × 100mm 方木@300mm 设置，$\phi 48 \times 3.5$mm 架子管做竖楞一道，横楞一道，设置 M12mm@600mm 对拉止水钢筋，钢管斜支撑加固。在拆模后，将对拉钢筋垫片去除，采用手动磨光机将螺栓外露部分切除，由于已经在对拉螺栓中设置止水环防水，为进一步加强防水效果，在进行对螺栓外露封堵的砂浆中加入防水剂，起到防水效果。

模板系统要求装拆方便，并便于钢筋的绑扎与安装，符合混凝土的浇筑及养护等工艺要求。

严格控制模板和钢管支撑拆除时间，各部位悬挑结构要达到设计强度的 100% 才能拆模。

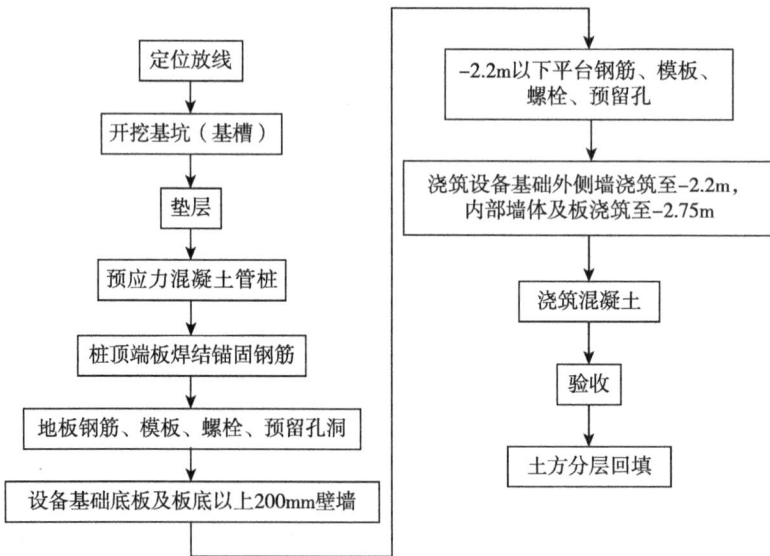

图 3.7　设备基础施工工艺流程

模板均匀涂刷脱模剂，模板拼缝应严密，接缝处要逐个处理，粘贴密封条，防止因漏浆引起的漏筋和不密实现象。

对于顶板及侧壁支撑脚手架的搭设：采用 φ48×3.5mm 脚手管进行满堂脚手架的搭设，当板厚小于 1000mm，立杆的纵横间距均为 600mm×800mm，步距为 1100mm。当板厚大于 1000mm，立杆的纵横间距均为 600mm×600mm，步距为 900mm。脚手架立杆在距离地面高度 200mm 处绑扎水平扫地杆保护，剪刀撑与地面夹角 45°~60°，间隔 6m 设一剪刀撑，剪刀撑钢管要搭接，作业层要满铺脚手板，接头板端悬空部分必须按规定铺设。

大体积混凝土裂缝防治应在新拌混凝土中掺加 II 级粉煤灰降低混凝土的水化热，进行温度控制措施，主要有：①温升值在浇筑入模温度的基础上不大于 35℃；②混凝土里外温差不大于 25℃；③降温速度不大于 1.5~3℃/天；④控制混凝土出罐和入模温度（按规范要求）。

为了保证混凝土浇筑的连续性，尽量缩短浇筑时间，在设备基础南侧修建 5m 宽（采用 500mm 厚 3:7 灰土回填）道路，用于浇筑混凝土时，汽车泵和混凝土运输车的浇筑道路制混凝土施工缝，合理安排混凝土的浇筑顺序，混凝土浇筑顺序及浇筑方法（斜面分层）主要根据：①搅拌机的搅拌能力（单机额定产量 75m³/h，实际按搅拌每盘混凝土的时间为 150s 计算）；②汽车泵（泵送能力为 60m³/h，实际按 45m³/h 计算）；③P.O42.5 水泥的初凝时间为 3 小时 40 分。

为便于泵送，保证混凝土的和易性，在混凝土中加入具有减水作用的防冻、防水剂，将混凝土坍落度控制在 140±20mm 以内。

混凝土浇筑时必须保证两层混凝土之间不出现施工"冷缝"，因此，在第一层混凝土入模后的混凝土初凝时间 3 小时 40 分钟内，须有第二层混凝土覆盖上去。混凝土浇筑从两侧同时进行，浇筑底层混凝土的距离为 5m 左右，浇筑完此 5m 混凝土后回来浇筑第二层混凝土，如此依次浇筑以上各分层，进行斜面分层连续浇筑。

大流动性混凝土在浇筑、振捣过程中，上涌的泌水和浮浆顺混凝土坡面下流到坑底，挤向边沿，再通过墙板外围明沟流向四个角的集水坑，然后通过集水坑内的潜水泵向坑外排出。对浇筑后的混凝土进行二次振捣，能排除混凝土应泌水在粗骨料和钢筋下部产生的水分和空隙，提高混凝土与钢筋的握裹力，从而增强了抗裂性。

二次振捣的适当时间为：运转的振动棒以其自己的重力逐渐插入混凝土后，当拔出时混凝土仍能自行闭合。

施工缝处，浇筑混凝土时先清除松动石子和软弱混凝土层，并用清水冲洗干净，然后浇筑半石混凝土，浇筑高度为 100～200mm。－2.2m 施工缝浇筑前，在混凝土内侧最低处弹出一条墨线，用手动切割机按照此墨线将混凝土浇筑。

轧机设备基础筏形承台板为 C30.S8 防水混凝土，且比较厚大（≥1.0m），为大体积混凝土，必须在混凝土初凝后 12 小时以内加以覆盖，用塑料薄膜覆盖，上盖二层毛毡，养护期不少于 14 天。

3.3.2.2 其他部分

1. 剖面中大型孔洞的支护措施

①孔洞的支模采用多层板进行支护，模板之间用脚手管和可调托撑进行加固，脚手管的间距为 600@600mm；②孔洞模板的安装应按设计要求的位置和标高放置，并在安装前由测量人员对孔洞的位置给出明确的定位；③在浇筑混凝土时，应尽量避免混凝土直接落在孔洞模板上，以免造成孔洞的偏移。

2. 预埋件及水平管施工

为了保证预埋件下部混凝土的密实性，不出现空鼓现象，对短方向大于 500mm 的预埋件按照间距 500mm，采用磁力钻直径为 50mm 的透气孔。水平管的支撑固定，采用螺纹 φ25 钢筋焊接成托架，间距为 1000mm，托架具体形式如图 3.8 所示。

3. 螺栓、套筒施工程序

螺栓托架安装→将螺栓放置在托架上→进行螺栓上部固定（根据测量

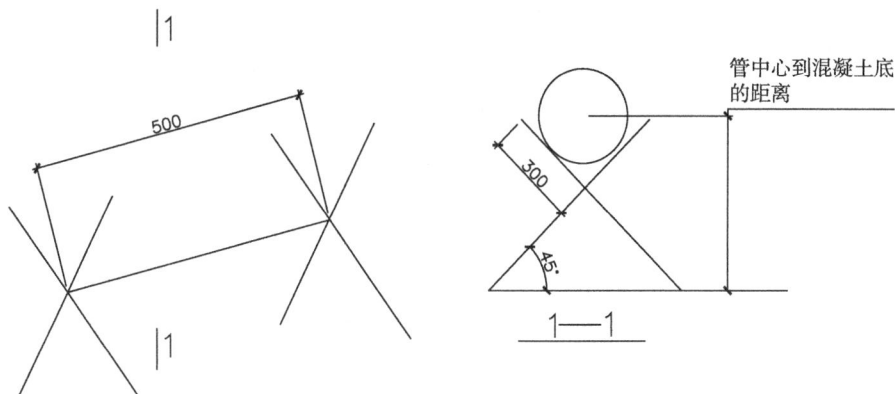

图3.8 水平支撑托架

人员给出的轴线，十字线交叉点即为螺栓中心）→螺栓调整达到图纸及规范要求→螺栓加固→丝扣部位涂抹黄油用麻布包裹好。

3.4 钢桁架结构主厂房施工工艺

3.4.1 钢结构制作工艺

钢结构制作工艺如图3.9所示。

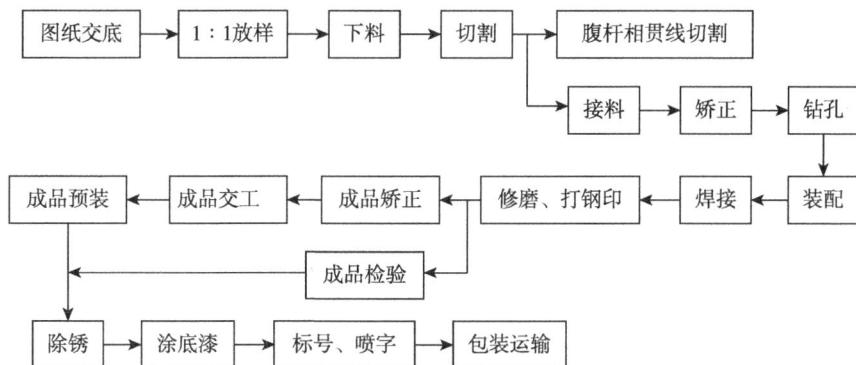

图3.9 钢结构制作工艺

进行画线作业前，需要对钢材进行变形矫正。钢材表面质量允许偏差如表3.1所示。

表3.1　钢材允许偏差

项目	允许偏差	
	在1m范围内	
钢材挠曲矢高 f	厚度 t	矢高 f
	≤14mm	≤1.5mm
	>14mm	≤1.0mm

腹杆端部应先画出基准线、中心线，相应的样板也应标识出中心标记，以备画线时对中。

板材接料时，翼缘板接料长度不应小于2倍板宽，腹板接料长度不应小于600mm，宽度不应小于300mm。拼接采用全熔透的对接坡口，如图3.10所示。

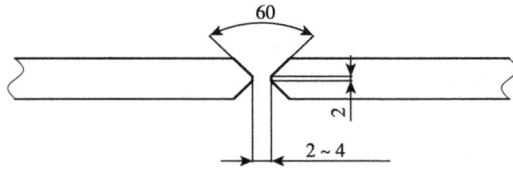

图3.10　钢板对接示意图

型材的拼接长度不应小于500mm，拼接采用全熔透的对接坡口，如图3.11所示。

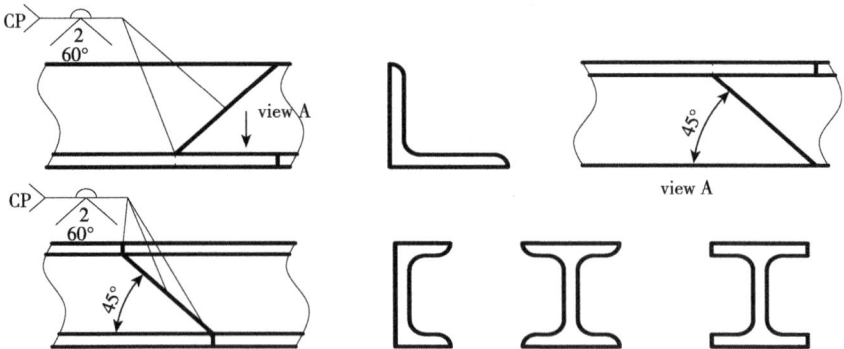

图3.11　型板对接示意图

管材拼接长度不应小于 500mm，拼接采用全熔透的对接坡口，如图 3.12 所示。

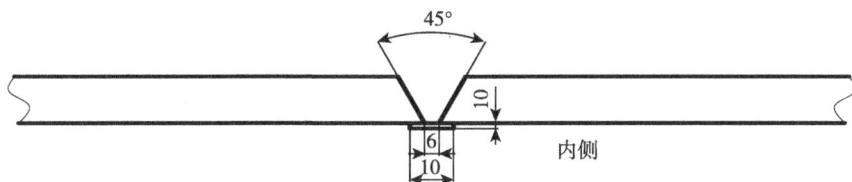

图 3.12 管材拼接坡口示意图

支撑、桁架结构的装配，应按照 1:1 的比例在钢板上画出杆件的轴线，轴线交点偏差不应大于 3mm，杆件接触面应有 75% 以上紧贴。

工字形截面焊接梁翼缘板焊接变形矫正，使用 H 形矫直机进行机械矫正。

构件的其他变形采用火焰局部加热法进行矫正，火焰矫正温度应不大于 900℃，且不得用水急冷。

钢柱下部双支钢管柱，上部为实腹式工字柱，制作时工序较多，焊接作业量大，上节柱为 L 形，断面为 H 形。焊接后易产生变形，产生变形后应经火焰校正后方可与下节柱组装在一起。因上节柱的两端翼缘板不等长，应先焊长翼缘板端后焊短翼缘板端，这样可以控制 L 形角度不变形过大。组对时不允许强行使用外力。

3.4.2 柱梁组装流程

钢梁组装流程如图 3.13 所示。

3.4.2.1 制作难点、重点

柱顶到梁的过渡段：此处为圆弧过渡，腹板下料时宜采用数控切割机进行切割，或利用长划规半自动切割机切割。翼缘板宜使用滚床卷圆后再组装焊接。

钢柱管段和 H 段应分别组焊、修整，待管段开口后进行整体插入装

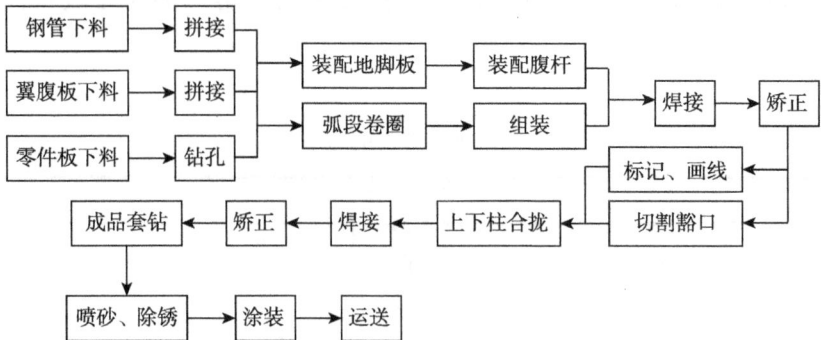

图 3.13　柱梁组装流程

配。牛腿肩梁处十字形板必须先施焊，再与下柱管进行插接，最后组焊管段顶部的封板。钢管柱制作完毕后应标识中心线。

与牛腿盖板接触的圆管的端面为刨平顶紧面，与盖板组装时应保证75%以上的面积紧贴。要求画线准确并保证切割的精度。

钢梁端部、钢柱端部的螺栓孔，应待构件焊接、矫正完毕后进行，并应与连接板进行套钻。连接板宜采用数控钻床钻孔，或采用高精度母模进行套钻。套钻后要编号清楚详细。

屋面梁设计要求起拱按跨度的1/1000。

吊车梁设计未要求起拱，为防止下挠，可起拱 10mm。吊车梁腹板的上边缘应严格按照设计要求切割坡口，组装时宜留 2mm 间隙，正面焊完后，反面清根后再焊。腹板下边缘应与翼板顶紧后再焊。

吊车梁上翼缘与制动板的孔应进行套钻。

3.4.2.2　焊接要求

使用焊条焊接完后，应及时清除药皮，检查焊缝质量，有缺陷时及时补焊。焊接完后，焊工应进行自检，对咬边、弧坑等缺陷应及时补焊。

构件除锈采用喷砂或喷丸除锈时，除锈等级达到 $Sa_{2.5}$ 级。采用手工除锈时应达到 St_3。

焊接规范如表 3.2 所示。

表 3.2　焊接规范要求

焊接	焊条（丝）	焊接电流（A）		
方法	直径/mm	俯焊	立焊	仰焊
手工焊	Φ3.2	110 ~ 130	100 ~ 120	90 ~ 110
	Φ4.0	180 ~ 200	160 ~ 180	140 ~ 160
	Φ5.0	220 ~ 260	200 ~ 240	180 ~ 220
CO_2 气体保护焊	Φ1.2	250 ~ 280	220 ~ 240	190 ~ 220
埋弧自动焊	Φ4.0	650 ~ 750	电弧电压 36 ~ 38V，焊接速度 25 ~ 28M/h	
	Φ5.0	700 ~ 800	电弧电压 36 ~ 38V，焊接速度 22 ~ 25M/h	
	Φ4.0	650 ~ 750	船形角焊，电压 33 ~ 35V，焊接速度 20M/h	

3.4.3　钢结构安装

3.4.3.1　安装准备

检测基础同条件试块，保证基础混凝土强度达到设计强度的75%以上。

二次灌浆处的基础杯口内侧表面应凿毛。杯口基础底面标高应低于柱底面安装标高 40 ~ 60mm，最小不能小于 30mm。

验收基础，复测基础轴线、标高。检查基础杯口内壁有无涨模、杯口位置以及尺寸有无偏差，应符合 GB50205—2001 中表 10.2.2 和表 10.2.4 的要求。

认真检查钢柱的制作质量，重点是牛腿面的平直度、柱子侧弯度以及长度，确保几何尺寸无误。在柱身上标记十字中心线、垂直度检测线、标高检测线等。垂直度检测线应标记至少 3 个相互垂直的柱面，标高检测线应以柱牛腿标高为基准，统一标注在 +500mm 处，便于安装时进行复测和将来的沉降观测。

根据杯口基础底面的标高和柱实际长度，再确定垫板的厚度。在柱脚下放置支承钢柱垫板，每根钢柱每个柱腿设置一组，每组垫板不应超过 3 块。

基础面打磨平整，保证垫板与基础面的接触应平整、紧密、平稳，垫板尺寸根据基础的抗压强度和下节钢柱的重量计算确定为 120mm×120mm。

垫板边缘应清除氧化铁渣和毛刺，每块垫板间应紧贴，点焊在一起使用，每组垫板都应均匀承力。

3.4.3.2 钢柱安装

钢柱采用旋转吊装法进行安装。当钢柱吊至距就位位置上方 200mm 时，使其稳定，对准基础杯口缓慢下落，落实后先调整钢柱的偏移，再调整垂直度。

落实后使用专用角尺检查，调整钢柱使其定位线与基础定位轴线重合。调整时需六人操作，两人移动钢柱，一人协助稳定，三人进行轴线对准，保证 3 个面的安装误差控制在 5mm 以内。

钢柱的轴线和基础轴线吻合后，找正采用侧面加钢楔配合吊车找正，钢柱安装时，用两台经纬仪在夹角 90° 的两个方向同时监测钢柱的垂直度，测量校正时，先调正柱脚，再控制柱端，反复校正直至达到在允许误差范围内的最佳状态，在钢柱的 3 个方向均打上楔子固定钢柱，钢柱的每个面至少要使用一个楔子，使其与基础杯口的 4 个内侧均钉紧牢固，为保证钢柱的稳定性在未形成刚性系统前，需将钢柱大面的两个方向利用缆风绳进行临时固定，并且需做地锚，以固定揽风绳。

在灌浆混凝土初凝前对柱子的垂直度进行复测，误差大的及时调整，待混凝土强度达到要求时方可进行下一道工序施工。

下节柱柱底灌浆混凝土终凝后再进行上节柱安装工作。安装前认真核对上柱的几何尺寸，确保与下柱尺寸吻合后做好垂直度检测线标记，要与下柱一致，再进行安装。

上节柱吊装至下节柱顶部上 200mm 时，操作人员将柱子稳住缓慢落下，下节柱上要焊挡、卡具，以便上节柱准确就位、找口和调整垂直度。为保证对接口焊缝间隙，应垫设 2mm 的钢垫。为便于找口，控制接口错口，上下节柱接口处翼缘板和腹板的焊缝各预留 200mm 不焊，利用卡具进行找口，高空找好口后利用吊车调整钢柱垂直度。

高空焊接要做好防风措施，选择技术能力强的电焊工焊接钢柱对接口，焊接钢柱腹板时先在有坡口处进行焊接，焊接钢柱翼缘板时要求两人在对称的方向焊接。焊接过程中必须及时清根，焊工应严格遵守焊接工艺，以防由于焊接引起的超差焊接变形。

3.4.3.3 柱间支撑安装

柱的灌浆混凝土凝固后及时进行柱间支撑的安装工作，以确保柱网整体的稳定性，柱间支撑安装后，支撑与钢柱节点板的焊缝应待屋面荷载全部施加后再进行，以确保柱间支撑对荷载的有效传递。

柱间支撑采用25吨汽车吊进行安装，吊装柱间支撑时，采用倒链配备钢丝绳进行吊装，以保证斜撑角度、方便安装就位。

3.4.3.4 吊车梁系统安装

吊车梁吊装前，对柱子的安装位移、垂直度、牛腿顶面标高进行复测；对吊车梁的梁高进行实测，根据牛腿顶面标高和梁实高确定加设标高调整垫铁并安装支座板，并用经纬仪在钢柱牛腿上放置出吊车梁中心位置。

吊车梁进场后认真检查其制作质量，重点检查吊车梁上拱度、侧弯度、端部封板下平面的平整度，同一跨的吊车梁端部高度应在制作过程重点控制，确保无变形和外形尺寸符合设计要求。弹簧板与吊车梁一同配套进场，弹簧板与吊车梁应配钻孔，弹簧板中心线与吊车梁腹板中心线必须相吻合。

安装前，用经纬仪在钢柱牛腿面上统一放出吊车梁中心线，依据中心线将弹簧板焊接在钢柱牛腿面上。

吊车梁与制动板、柱子与吊车梁上翼缘、柱间支撑弹簧板处、水平支撑与吊车梁连接板采用高强螺栓连接，利用初拧和终拧扳手使连接达到设计强度。

吊车梁安装完毕后，对标高、平面位置和跨距等项目进行复测。

3.4.3.5 屋面系统安装

1. 屋面梁安装

屋面梁最重的为7.43吨，为减少高空作业将隔撑连接后采用50吨履带（工况 34 米主臂、9 米固定副臂，主臂最大起重量 15 吨、副臂最大起重量 2.5 吨）吊整体安装，钢丝绳选用规格 6×37+1、直径为 Φ26mm 的两根。屋面梁采用捆绑式进行吊装，捆绑处垫半圆钢管，以保护钢丝绳和构件，吊装时选择好吊点，以保持起吊后其角度。吊装过程中采用梁两端的溜绳控制起吊过程的稳定性，屋面梁就位后先将腹板进行焊接，确保连接固定牢靠后方可摘钩，翼缘板为一级焊缝，要求技术水平高的焊工施焊。

2. 屋面檩条的安装

因安装时工期较紧，为加快进度、提高工效，在吊车起重允许范围内可采用多头吊索一次吊装 2~3 根钢梁的方法，每根梁间距不小于 2 米。

3.4.3.6 高强度螺栓施工

安装前的准备如下。

1. 扭剪型高强度螺栓连接副预拉力复验

本工程使用的高强度螺栓为 10.9 级扭剪型，主要使用部位是吊车梁系统，安装施工前按规范要求应对高强螺栓连接副的预拉力进行复验。复验用的高强度螺栓应在施工现场待安装的螺栓批中随机抽取，每批应抽取 8 套连接副进行复验。复验螺栓连接副的预拉力平均值和标准偏差应符合 GB50205—2001 相关要求。

2. 摩擦面抗滑移系数检验

高强度螺栓安装施工前应对连接面抗滑移系数进行检验。抗滑移系数检验用的试件参照 GB50205—2001 要求进行制作。

3. 高强螺栓与焊接混合连接的节点施工顺序

先进行高强螺栓初拧，再进行焊接，最后进行高强螺栓终拧。终拧的顺序是从接头部位的中央到端部。

4. 工艺要求

为保证吊车梁与制动板高强螺栓的连接质量，对钻孔的工艺要求如下：要求制动板先钻孔，然后与吊车梁临时进行配钻。

3.4.3.7　钢结构焊接工程

钢结构焊接工程主要注意对质量通病的处理，质量通病防范、处理、控制措施如表3.3所示。

表 3.3　钢结构焊接质量通病处理措施

类别	内容	现象	产生的原因	防范、处理、控制措施
钢结构工程	结构安装	1. 现场用气割扩孔、割构件 2. 柱底垫板每摞块数过多 3. 有的高强螺栓露牙不足，甚至低于螺母；终拧后48小时内未漆封 4. 柱与柱、柱与梁接口错口	1. 设计有误，构件制作有误，安装精度不够 2. 混凝土基础灌浆层过大 3. 高强螺栓误用，施工周期拖延，下道工序滞后 4. 构件制作误差大，安装精度不够	1. 施工前认真审图，对进场构件外形尺寸进行仔细检查，严格控制钢柱安装的垂直度、标高、位置 2. 安装前复查基础，如超差，增加垫板厚度，控制块数 3. 使用高强螺栓的部位要与其规格相符，终拧完后，油漆涂装及时跟上 4. 对进场构件外形尺寸进行认真检查，严格控制钢柱安装的垂直度、标高、位置
	焊接	焊缝表面缺陷 1. 气孔 2. 夹渣 3. 咬边 4. 熔宽太大 5. 未焊透 6. 焊瘤 7. 凸起太大 8. 波纹粗	1. 焊条未烘干，或烘干温度、时间不足；焊口潮湿，有锈、油污等 2. 电流太小，熔池温度不够 3. 电流太大 4. 电压过高 5. 电流太小 6. 电流太小 7. 电流太大，焊速太慢 8. 焊速太快	1. 按焊条使用说明要求烘干，用钢丝刷和布清理干净，必要时用火焰烤，减小弧长 2. 加大电流 3. 减小电流 4. 减小电压 5. 加大电流 6. 加大电流 7. 加快焊速 8. 减慢焊速
	油漆	1. 漆膜厚度不够 2. 油漆表面颜色出现色差 3. 焊接部位漏补油漆 4. 返锈	1. 施工人员责任心不强 2. 油漆不是同一批次 3. 焊接返工 4. 除锈不彻底	1. 对施工人员进行技术交底 2. 同一部位选用同一批次 3. 焊接施工尽量一次完成，避免反复施工 4. 涂装前按设计要求认真除锈

3.5　轧机机组安装施工工艺

冷轧机组主要工程项包括进出口鞍座、钢卷车、开卷机、卷取机、冷轧机等，轧机生产线设备安装分别以轧机、开卷机、卷取机为重点，液压、润滑、乳化液等系统施工并行。冷轧机组设备应先安装轧机机架，然后安装换辊、主传动装置等其他设备，待基础基本稳定且机架最终调整固定后，再进行机架上的附属设备安装及对换辊、主传动设备的精调整。地下油库液压、润滑设备和管道与轧机设备同步进行。

3.5.1 轧机机组安装施工工艺

轧机机组设备安装施工程序如图 3.14 所示，轧机机组绿色施工工艺主要介绍重点部分。

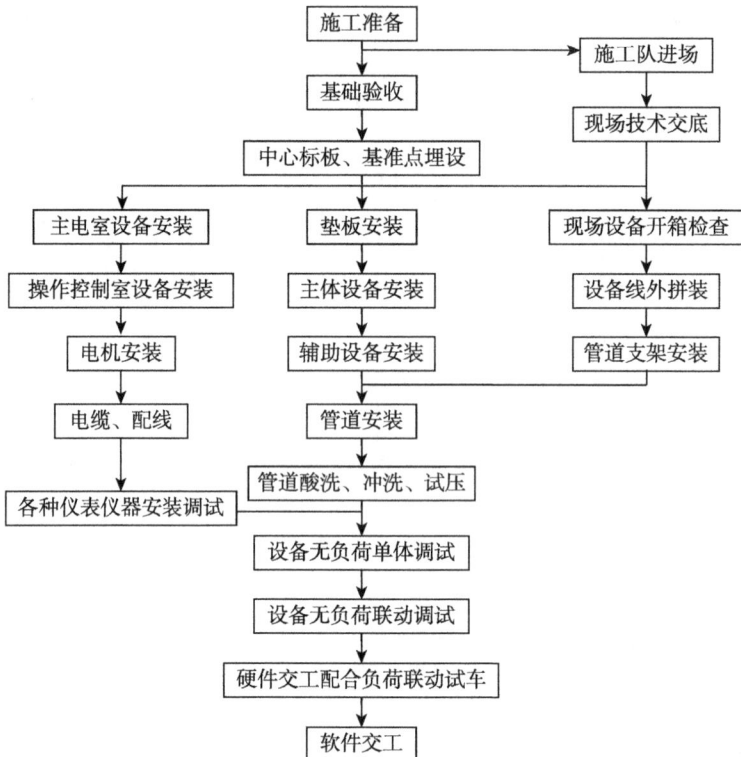

图 3.14 轧机机组设备安装流程

3.5.1.1 轧机底座安装

基础座浆完毕后，在基础上安放垫板，垫板要加以研磨，以确保垫板与设备的接触面积，接触面积要超过垫板面积的 3/4。实际安放垫板，通常以与设备找平同等精度的要求进行垫板的初步找平和标高测定。轧机机架底座标高、水平度和平行度的检查方法如图 3.15 所示。

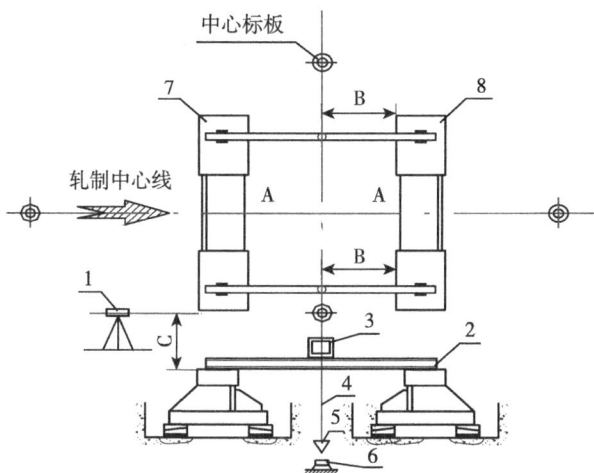

1—精密水准仪；2—长平尺；3—方水平；4—钢琴线；5—线坠；6—中心标板；7—入侧底座；
8—出侧底座；A—轧制方向的偏移测定；B—横向同心线的偏移测定；C—标高

图 3.15 轧机地图水平度与平行度检查示意图

3.5.1.2 牌坊的吊装

轧机牌坊的吊装、运输、就位是本工程施工的难点和重点。

轧机单片牌坊重 67 吨，牌坊的卸车及就位采用抬吊将牌坊垂直吊起（使用 Φ52mm 钢丝绳），横移至基础上方，然后安装就位。机架牌坊从公路运输到主轧跨，利用厂房内 40 吨天车和 30 吨天车及扁担梁抬吊卸车后放到基础上，进行检查、清洗等工作，检查后利用厂房内 40 吨天车和 30 吨天车及扁担梁抬吊进行吊装，将牌坊吊至基础旁并倾斜放置（见图 3.16），以利于起吊。机架与扁担梁利用专用锁紧工具进行固定。

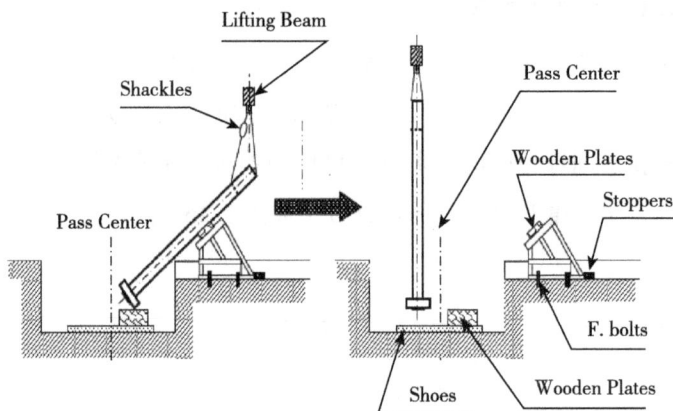

图 3.16 牌坊吊装示意图

由于天车最大起升高度约 11.5 米，而牌坊高度为 8 米，起升高度很小，且起重量又小，所以牌坊吊装选择扁担梁加专用索具进行吊装。

3.5.1.3 扁担梁的加工强度检验

1. 强度核算

$Q235$ 材料的许用应力：$[\sigma] = 235\text{MPa}$

许用剪切应力：$[\tau] = (0.6 \sim 0.8)[\sigma] = 141 \sim 188\text{MPa}$

弯曲正应力：$[\sigma]_1 = \dfrac{[\sigma]}{n} = \dfrac{[235]}{1.5} = 156.67\text{MPa}$

其中 n 为 $Q235$ 材料屈服极限的安全系数，取 1.5。

2. 扁担梁抗弯强度核算

根据截面求扁担梁的惯性矩：

$$I_x = \frac{(BH^3 - bh^3)}{12} = \frac{(450 \times 700^3 - 410 \times 640^3)}{12}$$

扁担梁的抗弯截面模量：

$$W_x = \frac{I_x}{\frac{1}{2}H} = \frac{(450 \times 700^3 - 410 \times 640^3)}{\frac{1}{2}(12 \times 700)} = 11159752\text{mm}^3$$

$$M_x = \frac{p}{2} \times \frac{L}{2} = 1530000000 N/mm$$

其中：P 为机架重量（按 68 吨计算）；

$\quad\quad L$ 为两天车吊钩中心距离（按 9000mm 计算）。

扁担梁的抗弯强度：

$$\sigma_{max} = \frac{M_{max}}{W_x} = \frac{1530000000}{11159752} = 137.1 MPa$$

因此，$\sigma_{max} < [\sigma]_1$ $\sigma_{max} < [\sigma]_1$，扁担梁的抗弯强度满足负荷要求。

3. 扁担梁吊耳强度核算

吊耳最小宽度为 100mm，板厚 40mm，最小截面积 $A = 40 \times 100 = 4000mm^3$

$$\sigma = \frac{p}{2} \div A = 122.5 MPa \quad \tau = \frac{p}{2} \div A = 122.5 MPa$$

因此，$\sigma < [\sigma]$，$\tau < [\tau]$。

吊耳强度满足要求。

3.5.2 其他设备安装工艺

1. 压下装置、换辊装置等轧机附属设备安装

机架安装调整完毕后，按照轧机安装程序进行其他附属设备的安装，这些设备安装精度要求高，要严格按照安装图、外方安装指导书和生产厂家现场的要求安装。

2. 轧机机架配管

在安装轧机机架附属设备的同时，同步进行机架上的配管工作。轧机主体的机体配管是在生产厂家配制完成，现场重新进行组装，在安装过程中要将管口封闭好，严禁任何杂物进入。在机架上焊接关卡及支架时，要参看机架配管图，仔细考虑其他管线的走向，避免发生管线干涉，管线走向也可根据现场实际情况征得设计同意后做适当更改。

3. 轧机主驱动安装

①将减速箱就位并找平找正；②经检查合格后二次灌浆；③调试前安装万向联轴器。

4. 上卸卷小车安装

①小车轨道及动力托链安装；②小车及地盖板安装到轨道上；③配管、传感器及小部件安装。

3.6 酸洗线安装施工工艺

本机组分为三段，即入口段、工艺段、出口段，主要设备有入口钢卷运输车、开卷机、矫直机、入口剪、酸洗槽、分切剪、圆盘（切边）剪、碎边剪、卷取机、出口步进梁等。

3.6.1 酸洗线设备安装工艺

设备基础验收、标准线、基准线的设定、设备的定位与调整方法与轧机机组安装发放类似，这里不再赘述，其他工艺的安装流程如图 3.17 所示。

3.6.1.1 无垫铁安装

无垫铁安装是指设备的自重及地脚螺栓的紧固力均由二次灌浆层来承担的安装方法，力量通过灌浆层传递到土建基础。而调整顶丝（或临时支撑）只在安装调整时起作用，二次灌浆完毕经养护后取出来下次安装使用。

设备调整时调整顶丝（或临时支撑）找平设备，用灌浆料灌注并采取保温养护。采用无垫铁安装设备，不存在垫铁腐蚀现象，而且调平快捷方便。将调整顶丝空出来的位置处灌浆，并按照最终力矩数值拧紧地脚螺栓，同时复查标高水平和中心线的正确性。其程序为：

（1）基础验收：按冶金工业部标准 YBJ201—83《通用规定》执行；

```
┌──────────┐
│  施工准备  │──────────────────┐
└────┬─────┘                    ↓
     ↓                    ┌──────────┐
┌──────────┐             │ 施工队进场 │
│  基础验收  │             └────┬─────┘
└────┬─────┘                   ↓
     ↓                    ┌──────────┐
┌──────────────────┐     │ 现场技术交底│
│ 中心标板、基准点埋设 │     └────┬─────┘
└────┬─────────────┘          ↓
     ↓                    ┌──────────┐
┌──────────────┐         │ 设备开箱检查│
│  调整顶丝放置   │         └────┬─────┘
└────┬─────────┘              ↓
     ↓                    ┌──────────┐
┌──────────┐             │ 设备线外拼装│
│  设备安装  │             └────┬─────┘
└────┬─────┘                   ↓
     ↓                    ┌──────────┐
┌──────────────┐         │ 管道支架预制│
│  设备下部灌浆   │         └────┬─────┘
└────┬─────────┘              │
     ↓                        │
┌──────────────┐             │
│  设备附件组装   │←────────────┘
└────┬─────────┘
     ↓
┌──────────┐
│  管道安装  │
└────┬─────┘
     ↓
┌──────────────────┐
│ 管道酸洗、冲洗、试压 │
└────┬─────────────┘
     ↓
┌──────────────────┐
│  设备无负荷单体调试  │
└────┬─────────────┘
     ↓
┌──────────────────┐
│  设备无负荷联动调试  │
└────┬─────────────┘
     ↓
┌──────────────────────┐
│ 硬件交工配合负荷联动试车 │
└────┬─────────────────┘
     ↓
┌──────────┐
│  软件交工  │
└──────────┘
```

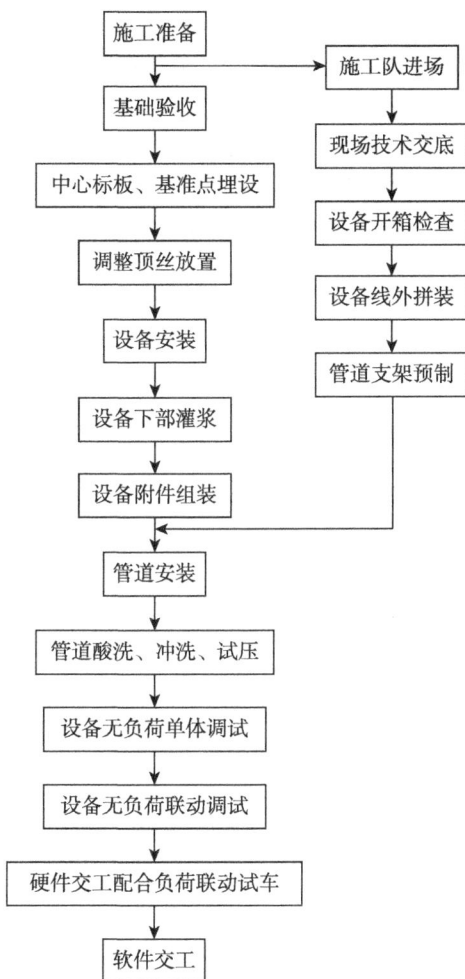

图 3.17　酸洗线安装流程

（2）基础表面处理：铲除表面浮浆，表面清理干净、防止油污；

（3）地脚螺栓除锈：除螺纹部分外，用砂纸擦去铁锈；

（4）设备吊装、找正、拧紧地脚螺栓：设备吊装就位后，调整使设备符合设计要求或安装标准，随即初拧地脚螺栓，二次灌浆后终拧；

（5）支模板并润湿模板及基础表面；模板架要牢固；

（6）养护：二次灌浆完成后需以湿布遮盖，72 小时内随时保持湿润、养护；

（7）取出调整顶丝（或临时支撑）：不允许强行敲打拆除。

3.6.1.2 开卷机安装

酸洗线机组在入口段设置了两台开卷机，开卷是悬臂式上开卷型。开卷机设备安装主要分卷筒底座和传动齿轮箱两大部分，底座就位在基础上，卷筒部分在底座滑动面上进行整体移动。因此，安装时先安装底座，待底座调整合格后将卷筒传动齿轮箱吊到底座上，再调整其卷筒与机组中心线的垂直度，以保证带钢不发生跑偏现象，安装找正采用摇臂法进行检查。

1. 底座安装

采用无垫板安装方法，将底座吊装就位，对底座进行标高、中心线及水平度的调整，以底座滑动面为基准，保证其中心线偏差 ≤ ±0.5mm，标高允差 ≤ ±0.5mm。水平度调整时要注意，要保证整个滑动表面的水平度≤0.05mm/m，且操作侧应略高于传动侧（具体数值安装外方要求），以满足开卷机卷筒负荷后保持水平。

2. 主体安装

在底座安装达到安装精度后，可利用车间内行车将主体吊装就位，就位后，用0.02mm/m精度的水平仪检查卷筒表面的水平度，精调时水平度应在允许公差范围内，传动侧要低于操作侧。为达到卷筒机组中心线的垂直度，采用摇臂法进行检查调整卷筒与轧线垂直度≤0.05mm/m。

3. 在主体设备安装后，可进行压紧辊及开卷器等的安装

3.6.2 酸洗工艺段安装流程

酸洗工艺段主要包括酸洗槽安装、出口段的圆盘剪、钢卷运输车、卷取机、进口步进梁、液压润滑设备等设备的安装，其中，酸洗槽的安装是重点。酸洗槽安装工艺如图3.18所示。

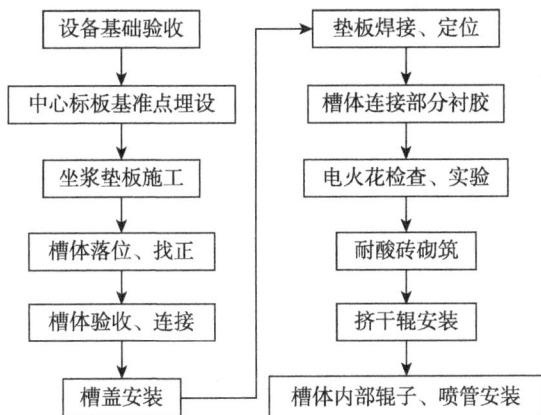

图 3.18　酸洗槽安装流程

3.6.3　管道安装

车间内管道一般由室外架空管线和地下管廊引入车间内，铺设在管桥上，然后引到机组各用户点。管道施工通用程序如图 3.19 所示。

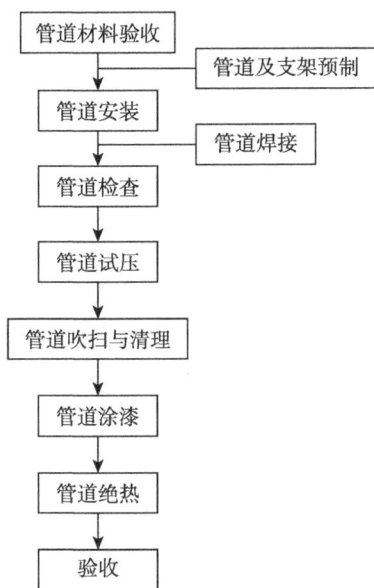

图 3.19　管道安装

3.6.3.1　蒸汽管道补偿器安装

1. 方形补偿器的制作安装

方形补偿器尽量用一根管子连续煨制而成，当由于补偿器尺寸较大，用一根管子煨制不够长时，则可用 2～3 根管子分别煨制，经焊接成形。方形补偿器组对时，应在平地上拼接，组对尺寸要正确，垂直臂长度偏差不应大于 ±10mm，弯头角度必须是 90°。安装补偿器时为了减少热应力和提高热补偿能力，必须对补偿器按设计文件规定进行预拉伸。拉管的方法可用拉管器。管道预拉应在两个固定支架之间的管道安装完毕并与固定支架连接牢固以后进行。预拉伸的焊口离开补偿器的起弯点应大于 2 米。并应将补偿器两臂同时拉伸。安装补偿器时，用三点以上受力起吊，将两垂直臂撑牢，以免发生变形。补偿器拉伸合格后，应马上作出记录。

2. 波形补偿器安装

波形补偿器的安装要点：

（1）波形补偿器的补偿能力应按设计文件规定或规范计算；

（2）波形补偿器的预拉或预压，应在平地上进行，逐渐增加作用力，尽量保证各波节的圆周面受力，当拉伸或压缩到要求数值时应当安装固定；

（3）波形补偿器必须与管道保持同心，不得偏斜。

3.6.3.2　排雾风机及通风管道安装

（1）排雾管道应在齿轮箱及电机等主要设备就位后进行安装。

（2）使用的各种材料都必须具备出厂合格证，且经现场检验确认其为合格品，方可使用。

（3）现场安装使用的各类支架严禁设置在风口百叶口上，风口安装位置应正确，同一车间内标高应一致，排列整齐，同一管道外露部分应整齐美观。

（4）风管法兰连接时，对接法兰面应平行、严密，紧固螺栓外露长度应适宜，且一致。同一管段法兰连接螺栓的螺母均应在同一侧。

（5）通风系统管道在施工现场存放，保持清洁；管道及管件运输时采取措施，不得损伤。

（6）风机不用减振器座时，应按有关要求进行找正找平（座浆或顶丝调整）。

3.7 绿色建造工艺应用实例

3.7.1 工程概况

本项目位于天津市大港经济开发区港塘公路东侧，为天津钢铁集团有限公司冷轧薄板搬迁改造项目，项目主要包括冷轧机组厂房及设备安装工程，酸洗线成套设备安装工程和镀锌车间成套设备安装。本案例只介绍90万吨冷轧厂主厂房一区推拉式酸洗机组活套基坑支护设计，基坑开挖底面标高为 -12.6 米，尺寸为 7.8 米×7.5 米。该深基坑基础周边厂房基础及结构已基本施工完毕，相邻部位的管桩已施工完毕。

3.7.2 工程地质与水文概况

3.7.2.1 地质情况

本场地地貌单元为第四纪冲积——海积平原，经过漫长的水动力作用，沉积了巨厚的第四纪沉积物，场地原为洼地，地势较低，后经人工填垫后至现地坪，地势较平坦，现地坪标高在3.00～3.91米范围。根据天津市地质工程勘察院提供的岩土工程勘察报告（KC2007D641），对该区域做勘探孔实验，各层地基土有以下特征。①素填土：褐色，呈软塑状态；土质不均，以黏性土为主，夹少量灰渣，偶见芦根，局部上部夹带大量石子、混凝土块、灰渣等。②黏土：灰黄色，由上而下呈软塑——流塑状态，无摇振反应，光滑；具轻微锈染、偶见芦根；土质不均，底部常夹淤泥质黏土。③淤泥质黏土：灰色，呈流塑状态，无摇振反应，光滑；土质不均，夹灰黑色有机条纹。④粉土：灰色，湿，呈稍密——中密状态，中等摇振反应，无光泽；土质不均，夹黏土团块及粉质黏土薄层，含贝壳碎片。⑤粉质黏土：灰色，呈流塑、软塑状态，无摇振反应，稍有光滑；土质不均，上部常夹淤泥质土，含少量贝壳碎片。⑥黏土：灰色，呈软塑状态，无摇振反应，光滑；土质较均，夹少量砂斑。⑦粉质黏土：浅灰色，呈软塑状态，无摇振反应，稍有光滑；土质不均，砂土黏土混杂，层顶部常夹杂约 0.2 米厚的泥炭薄层。⑧粉质黏土：灰黄色，呈可塑状态，无摇振反应，稍有光滑；土质不均，夹粉土团块及薄层，含少量锈染。⑨粉土：灰黄色，湿，呈密实状态，中等摇振反应，无光泽；土质不均，夹粉土团块及薄层，局部为粉砂，含少量锈染及云母。其主要基坑支护设计指标参数显示如表 3.4 所示。

表 3.4　基坑支护设计参数

岩土名称		厚度	主要指标			
			γ（KN/m^3）	φ	c	m（MN/m^4）
①	素填土	0.8m	17	4	8	0.72
②	黏土	1.27m	17.5	12	15	3.18
③₁	淤泥质黏土	1.37m	17.1	10.3	11.5	2.24
③₂	粉土	4.13m	20	26.7	15.3	13.12
③₃	粉质黏土	8.47m	18.7	13.7	14.4	3.82
③₄	黏土	1.39m	18.5	12.9	18.5	3.89
④₁	粉质黏土	1.86m	20.2	17.2	20.4	6.24
④₂	粉质黏土	1.24m	20.2	17	22	6.28
⑤	粉土	7.83m	20.2	30.3	15.2	16.85

3.7.2.2　水文地质

根据本工程岩土工程勘察报告提供的场地水文地质条件：本区域埋深 20 米以上主要为潜水，人工填土层内尚含少量上层滞水；水文条件如表 3.5 所示，该区域土质渗透性差，最大渗透系数 K 为 28.5mm/d。基坑周围采用井点降水后内侧降水最终深度 12.1 米，外侧水深 1.5 米。

表 3.5 水文地质参数

序号	岩性	平均厚度	K（垂直）cm/s	K（水平）cm/s	渗透性 cm/s
1	素填土				
2	黏土	1.27	4.35×10^{-8}	1.70×10^{-7}	不透水
3	淤泥质黏土	1.37	1.20×10^{-7}	1.95×10^{-8}	不透水
4	粉土	4.13	1.90×10^{-5}	2.45×10^{-5}	弱透水
5	粉质黏土	8.47	2.58×10^{-7}	3.06×10^{-7}	不透水
6	黏土	1.39	6.1×10^{-8}	1.0×10^{-7}	不透水
7	粉质黏土	1.86	1.87×10^{-7}	2.00×10^{-7}	不透水
8	粉质黏土	1.24	1.20×10^{-6}	3.50×10^{-6}	微透水
9	粉土	7.83	2.80×10^{-5}	3.30×10^{-5}	弱透水

3.7.3 基坑支护方案选择

根据地质勘查报告，并结合施工现场现有设备情况，本方案采用双排预应力混凝土管桩+水泥土搅拌咬合桩止水帷幕+顶部钢冠梁的支护结构进行施工。场地自然地面标高初测为 -1.0m，设置放坡，坡高为 2.7m，台宽为 4.05m，放坡系数为 1.5。预应力混凝土管桩 PHCΦ800×110（AB 型），混凝土强度等级 C80，桩径 800mm，嵌固深度 16.76m，桩顶标高 -2.7m，桩间距为 1m，前后排桩排距为 2.2m。前后排桩顶部均设置 H 型钢桁架支撑体系冠梁，冠梁顶标高 -3.45m，钢冠梁截面为 HW250×250mm，前后排冠梁之间加型钢 HW250×250 斜撑，形成桁架支撑体系。标高 -3.90m 处设置构造支撑（HW400×400mm）一道，标高 -8.70m（上下节管桩接口处）设置环形内支撑（HW400×400mm）一道。前后排管桩之间布置双排直径 700mm 的水泥土搅拌桩作为止水帷幕，桩间咬合 200mm。

3.7.4 支护结构计算分析

3.7.4.1 计算说明

本工程安全等级设定为三级，侧壁重要性系数 $\gamma_0 = 0.9$。内力计算方法采用增量法，弹性计算方法按 m 法，采用水土合算的方法。基坑外侧土压力按主动土压力计算，预应力混凝土管桩嵌固部分按被动土压力考虑，C80 预应力混凝土管桩按照等刚度原则折合为等直径的 C55 灌注桩（$E = 3.55N/mm^2$，$I = 3.068 \times 10^4 mm^4$），水下部分的黏聚力与内摩擦角在地质勘查报告的基础上折减 $2 \sim 3$。支护断面如图 3.20 所示，内力计算模型如图 3.21 所示，内力和变形计算结果如图 3.22 所示。

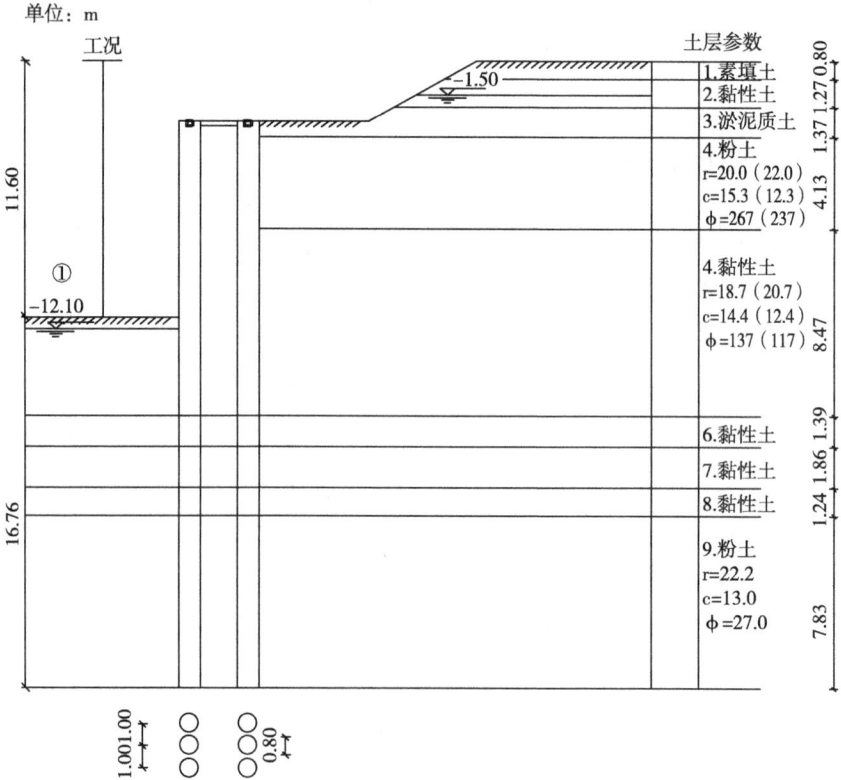

图 3.20 支护断面

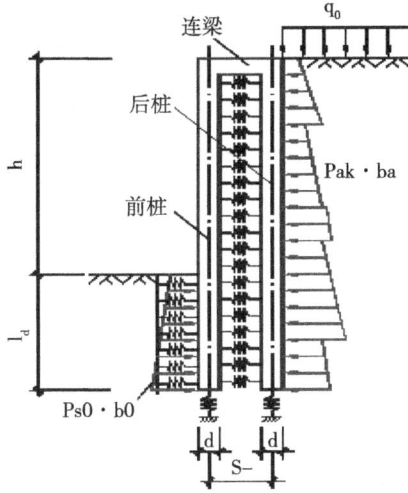

图 3.21　内力计算模型

工况1——开挖（11.60m）　　　　　　包络图

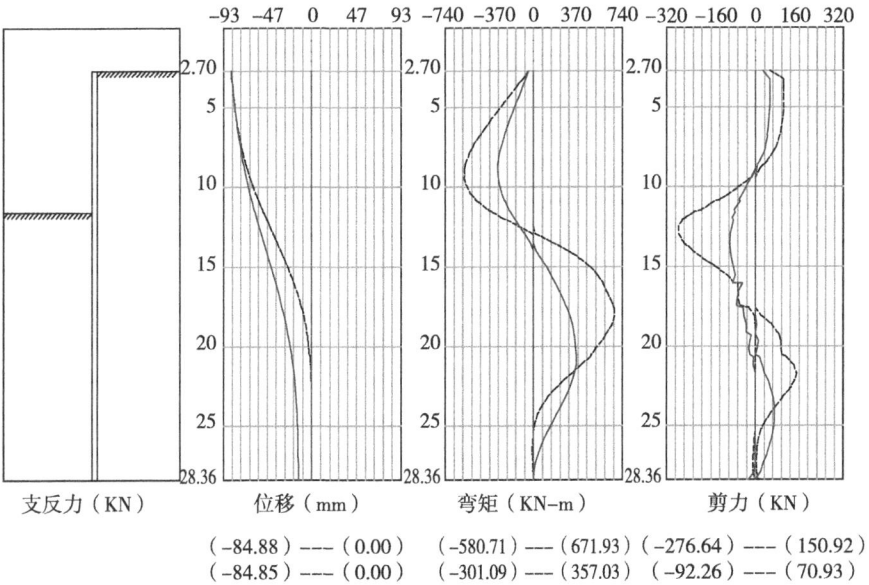

支反力（KN）　　位移（mm）　　弯矩（KN-m）　　剪力（KN）

（−84.88）--- （0.00）　　（−580.71）--- （671.93）（−276.64）--- （150.92）
（−84.85）--- （0.00）　　（−301.09）--- （357.03）（−92.26）--- （70.93）

图 3.22　内力和变形计算

95

3.7.4.2 双排预应力桩的选筋及抗弯剪验算

前排桩主筋采用 18Φ22 预应力主筋，箍筋为 Φ12@150，加强箍筋采用 Φ14@2000。后排桩主筋采用 17Φ16 预应力主筋，箍筋为 Φ12@150，加强箍筋采用 Φ14@2000。经计算得到以下结果：基坑前排支护桩内侧最大弯矩设计值为 555.31kN·m，内力计算值为 580.71kN·m，外侧最大弯矩设计值为 642.53kN·m，内力计算值为 671.93kN·m，剪力最大设计值为 329.05kN，内力计算值为 292.49KN。基坑后排支护桩内侧最大弯矩设计值为 287.92kN·m，内力计算值为 301.09kN·m，外侧最大弯矩设计值为 341.41kN·m，内力计算值为 357.03kN·m，剪力最大设计值为 133.46kN，内力计算值为 118.63KN。连梁上侧最大弯矩设计值为 38.20kN·m，内力计算值为 39.95kN·m，下侧最大弯矩设计值为 38.32kN·m，内力计算值为 40.08kN·m，剪力最大设计值为 40.92kN，内力计算值为 36.37KN。前后排的支护桩及连梁均能满足抗弯和抗剪要求。

3.7.4.3 其他验算

（1）抗倾覆稳定性验算：

$$K_Q = \frac{E_{pk}Z_p + GZ_G}{E_{ak}Z_a}$$

$$= 1.196 \geqslant 1.15$$

（2）抗隆起安全验算：

$$K_s = \frac{r_{m2}l_dN_q + cN_c}{r_{ml}(h + l_d) + q_0}$$

$$= 8.559 \geqslant 1.400（普朗德尔公式）$$

（3）抗管涌验算：

$$K = \frac{(2l_d + 0.8D_1)r}{\Delta h r_w}$$

$$= 4.588 \geqslant 1.4$$

（4）整体稳定安全系数验算采用瑞典条分法，有

$$K_s = 2.944$$

3.7.5 实施效果

双排预应力混凝土管桩深基坑支护工程由工程专业监测单位进行监测，其结果表明，桩顶部最大沉降为 2.2mm，桩顶部最大水平位移为 7mm，满足基坑支护设计要求。酸洗线活套深基坑工程从支护桩施工至侧壁混凝土浇筑完毕共历时 2 个月，符合业主的施工进度要求。采用外坑壁外侧直接以土壁为模，仅须支设井壁内侧模板，减少模板支设量，节省模板及支拆模费用，采用定型木模版，施工质量全部一次通过业主、监理联合检查验收，井壁混凝土外观质量达到清水混凝土标准，得到业主及监理的好评。管桩施工采用静压法，减少了建筑噪声污染，基坑内支撑结构及桩顶部冠梁采用钢结构，可以循环使用，这些措施符合绿色建造施工的理念。图 3.23 为施工人员安装双排预应力混凝土管桩顶部的钢冠梁，图 3.24 为施工人员安装支护桩内支撑钢结构。

图 3.23　钢冠梁安装

经过本工程的实践证明，双排预应力混凝土管桩＋水泥土搅拌咬合桩止水帷幕＋顶部钢冠梁的支护结构具有良好的经济效益，满足工期及质量的要求，计划在公司内部其他项目推行。

图 3.24　支护桩内支撑钢结构安装

4 冶金工业项目费用估价与报价研究

4.1 费用估价研究

4.1.1 费用构成分析

4.1.1.1 费用构成

冶金工业项目的费用构成是按照冶金行业的定额来设定的，冶金行业定额中的费用构成在最近十年逐渐趋同于我国建筑安装工程费用（建标〔2003〕206 号）的构成，所以，冶金工业项目的费用构成与我国建标〔2003〕206 号文的构成是基本一致的。由于冶金建筑的工艺特殊性与构成复杂性，使得冶金行业在推行 206 号文的费用构成时迟于国内其他行业的推行时间。

2003 年，原建设部出台《关于印发〈建筑安装工程费用项目组成〉的通知》（建标〔2003〕206 号）。文件规定在我国建筑行业按照新的费用构成来执行，206 号文是在建设部、中国人民建设银行《关于调整建筑安装工程费用项目组成的若干规定》（建标〔1993〕894 号）的基础上制定的，其费用构成包括直接费、间接费、利润与税金。详细构成如图 4.1 所示。

2013 年 4 月，住房城乡建设部下发《住房城乡建设部财政部关于印发〈建筑安装工程费用项目组成〉的通知》（建标〔2013〕44 号），该通知在总

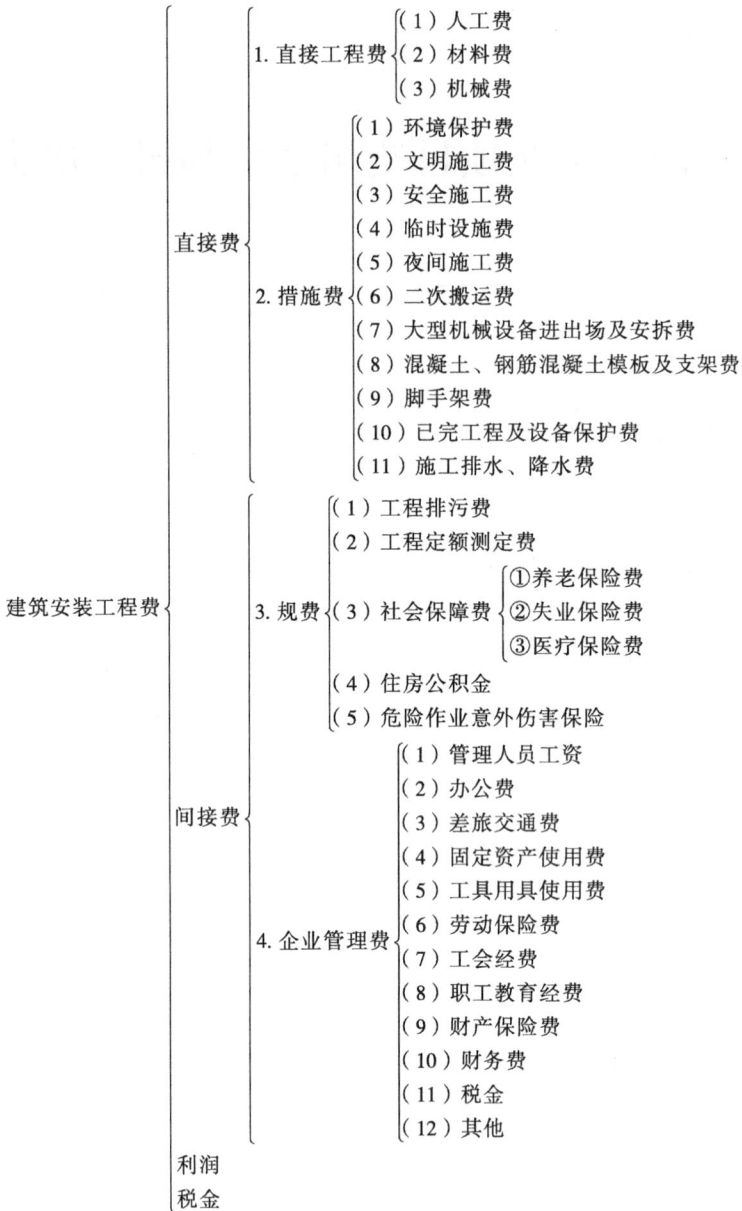

图 4.1　建筑安装工程费用项目组成（206 号文）

结原建设部、财政部《关于印发〈建筑安装工程费用项目组成〉的通知》（建标〔2003〕206号）执行情况的基础上，修订完成了《建筑安装工程费用项目组成》（以下简称《费用组成》）。《费用组成》把建筑安装工程费按照两种形式进行划分，第一种形式是按照费用构成要素来进行划分，第二种形式是按照造价形成进行划分。在未来10年，《费用组成》将成为我国各行业费用组成的基础文件，按费用构成要素进行划分的《费用组成》如图4.2所示，按造价形成进行划分的《费用组成》如图4.3所示。

4.1.1.2　费用构成差异比较

建标〔2013〕44号文（以下简称新版）的建筑安装工程费构成与建标〔2003〕206号文（以下简称旧版）的建筑安装工程费构成存在较大的差异，其主要差异如下。

（1）新版建筑安装工程费按构成要素和造价形成分成两种形式，而旧版建筑安装工程费只按构成要素进行了分类。

（2）人工费的构成不同，新版人工费包括：①计时工资或计件工资；②奖金；③津贴、补贴；④加班加点工资；⑤特殊情况下支付的工资。旧版人工费包括：①基本工资；②工资性补贴；③生产工人辅助工资；④职工福利费；⑤生产工人劳动保护费。

（3）施工机械使用费改为施工机具使用费，施工机具使用费项目中增加仪器仪表使用费，养路费及车船使用税改名为税费。

（4）新版建筑安装工程费取消了措施费列项。

（5）企业管理费中的劳动保险调整为劳动保险和职工福利费。

（6）规费取消定额测定费和危险作业意外伤害保险，规费中的社会保障费增加了生育保险和工伤保险。

自2003年2月27日建设部发布建标〔2003〕119号文要求自2003年7月1日推行《工程量清单计价规范》以来，旧版费用构成一直与工程量清单中的费用列项脱节，这次费用调整主要是为了与国家推行《工程量清单计价规范》相适应。

人工费
- 1. 计时工资或计件工资
- 2. 奖金
- 3. 津贴、补贴
- 4. 加班加点工资
- 5. 特殊情况下支付的工资

1. 分部分项工程

材料费
- 1. 材料原价
- 2. 运杂费
- 3. 运输损耗费
- 4. 采购及保管费

施工机具使用费
- 1. 施工机械使用费
  - （1）折旧费
  - （2）大修理费
  - （3）经常修理费
  - （4）安拆费及场外运费
  - （5）人工费
  - （6）燃料动力费
  - （7）税费
- 2. 仪器仪表使用费

企业管理费
- 1. 管理人员工资
- 2. 办公费
- 3. 差旅交通费
- 4. 固定资产使用费
- 5. 工具用具使用费
- 6. 劳动保险和职工福利费
- 7. 劳动保护费
- 8. 检验试验费
- 9. 工会经费
- 10. 职工教育经费
- 11. 财产保险费
- 12. 财务费
- 13. 税金
- 14. 其他

2. 措施项目

利润

3. 其他项目

规费
- 1. 社会保险费
  - （1）养老保险费
  - （2）失业保险费
  - （3）医疗保险费
  - （4）生育保险费
  - （5）工伤保险费
- 2. 住房公积金
- 3. 工程排污费

税金
- 1. 营业税
- 2. 城市维护建设税
- 3. 教育费附加
- 4. 地方教育附加

建筑安装工程费

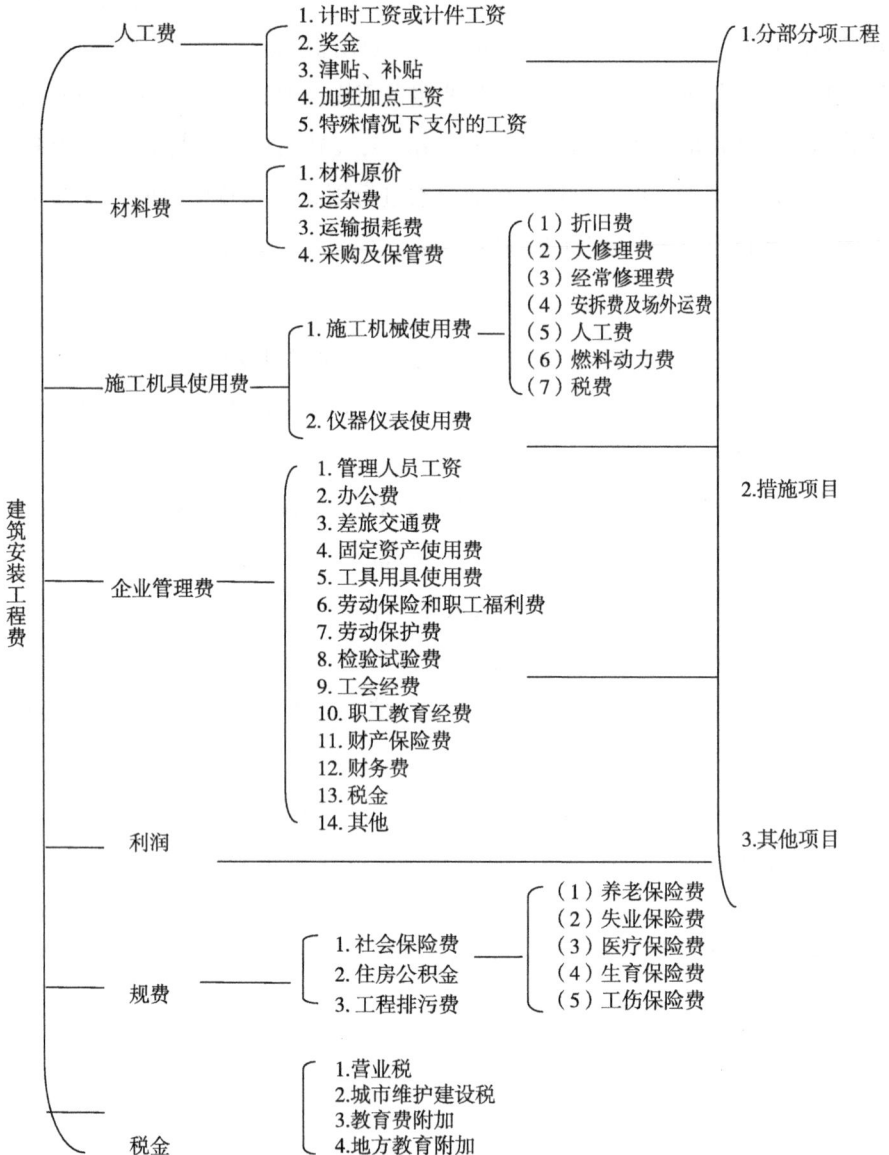

图 4.2　建筑安装工程费用构成［按构成要素划分（44 号文）］

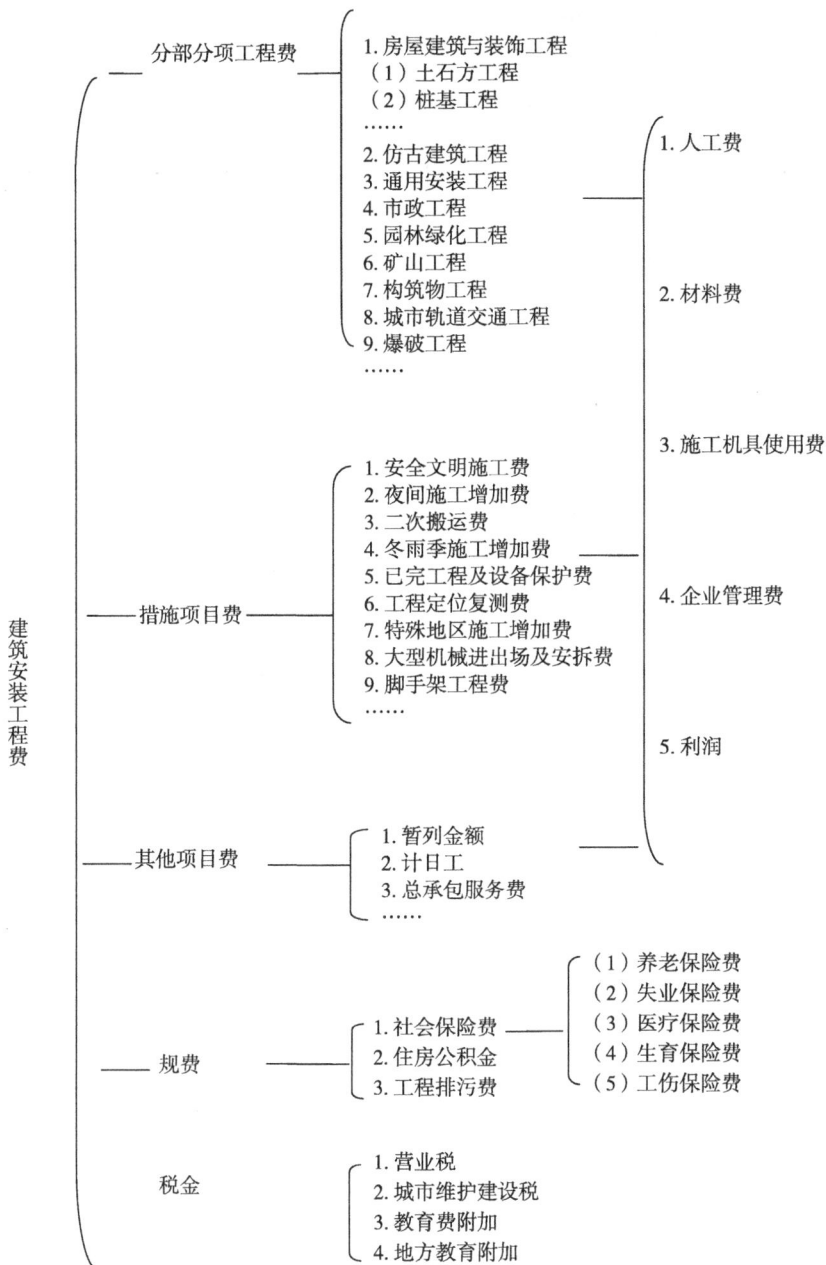

建筑安装工程费

分部分项工程费
1. 房屋建筑与装饰工程
（1）土石方工程
（2）桩基工程
……
2. 仿古建筑工程
3. 通用安装工程
4. 市政工程
5. 园林绿化工程
6. 矿山工程
7. 构筑物工程
8. 城市轨道交通工程
9. 爆破工程
……

措施项目费
1. 安全文明施工费
2. 夜间施工增加费
3. 二次搬运费
4. 冬雨季施工增加费
5. 已完工程及设备保护费
6. 工程定位复测费
7. 特殊地区施工增加费
8. 大型机械进出场及安拆费
9. 脚手架工程费
……

其他项目费
1. 暂列金额
2. 计日工
3. 总承包服务费
……

规费
1. 社会保险费
（1）养老保险费
（2）失业保险费
（3）医疗保险费
（4）生育保险费
（5）工伤保险费
2. 住房公积金
3. 工程排污费

税金
1. 营业税
2. 城市维护建设税
3. 教育费附加
4. 地方教育附加

1. 人工费
2. 材料费
3. 施工机具使用费
4. 企业管理费
5. 利润

图4.3 建筑安装工程费用构成［按造价形成划分（44号文）］

103

4.1.2 传统定价模式分析

4.1.2.1 工程承发包模式估价风险分析

从施工单位的角度讲，当前冶金工业项目的承发包模式主要有以下3种。第一种是由施工单位作为EPC总承包单位，施工单位将设计部分（E）分包给具有相应资质的设计单位，而采购和施工主要是由施工单位自己来完成，在这种承包模式下，承包合同采用固定总价合同，固定总价合同的费用外延要远远大于建筑安装工程费用，它还包括设备及材料采购费用、设计费用等。采用此种方式的成本风险非常大，但是如果能够对项目进行合理管理，其利润也是相当可观的，这类项目对施工单位的工程估价能力是一个巨大考验。第二种是业主将设计工作交由设计单位来完成，施工单位完成其施工工作，采购由业主自己来完成。采用这种工程承发包模式，业主一般在施工招标中都是采用工程量清单计价模式，但是与我国工程量清单计价规范规定的计价模式不同的是，业主只给出项目中的分部分项工程列项，不会出现各分部分项工程的工程量，施工单位在给出的分部分项工程组成的基础上进行报价。这种模式一般采用的是固定单价合同，施工单位的成本风险相对于EPC总承包模式要小很多。第三种是由设计单位作为EPC的总承包方，设计单位再将其施工部分（C）分包给施工单位。为了达到控制工程总成本的目的，一般情况下，此类施工合同都是采用固定总价合同，这类工程承发包模式的成本风险比第一类承发包模式的成本风险要小，比第二类工程承发包模式的风险要大。

4.1.2.2 传统估价方法

冶金工业项目都是采用"GM"管理模式，也就是一边勘察，一边设计，一边施工。这就决定冶金工业项目不可能像传统DBB模式一样在施工图纸已经完成的情况下，按照预算程序与方法精确的计算出工程造价。在冶金工业项目进行施工招投标时，其设计图纸还没有完成，招标人一般只是给出项目的构成与功能指标参数，所以，冶金工业项目的工程估价比较困难。传统的冶金工业项目估价方法一般采用经验估算法，这类方法的程序估价程序包括以下 5 个方面。

（1）取得招标人给出的拟建项目各部分组成与指标参数；

（2）收集同类已建项目的工程造价指标与数额；

（3）根据第（2）步收集的历史资料，估算拟建项目的建筑安装工程费；

（4）根据拟建项目各部分组成与已建项目各部分组成的差异，置换第（3）步中形成的建筑安装工程费中的差异造价；

（5）考虑材料、人工、机械等价格波动影响，最终确定建筑安装工程费。

经验估算法存在巨大的弊端，不能满足承包商对建筑安装工程费的估算精度要求，对项目的成本管理也是极其不利的。

4.1.3 基于偏最小二乘回归分析（PLS1）的工程估价模式研究

偏最小二乘回归（Partial Least—squares Regression，PLS）是一种新型的多元统计数据分析方法，它于 1983 年由伍德（S. Wold）和阿巴斯（C. Albano）等人首次提出。近十几年来在理论、方法和应用方面都得到了迅速的发展，它在处理样本容量小、自变量多，变量间存在严重相关性问题方面具有独到的优势，具有普通最小二乘回归方法所不能比拟的优点，密歇根大学（Michigan University）的弗奈尔（Fornell）教授称其为第二代回归分析方法。PLS 的突出特点是将多元线性回归、变量的主程序分析和变量间的典型相关分析有机地结合起来，在一个算法下，同时实现了回归建模、数据结构简化和两组变量间的相关分析，给多元数据分析带来了极大的便利。与普通最小二乘回归相比，它在回归建模中采用了信息综合与筛选技术，不再直接考虑因变量和自变量集合的回归建模，而在变量系统中提取若干对系统具有最佳解释能力的新综合变量（成分提取），然后利用它们进行回归建模。它与传统的多元回归模式相比，有以下 5 个突出的特点。

（1）能够在自变量存在严重多重相关性的条件下进行回归建模；

（2）允许在样本点个数少于变量个数的条件下进行回归建摸；

（3）偏最小二乘回归在最终模型中将包含所有自变量；

（4）偏最小二乘回归模型更易于辨识系统信息与噪声；

（5）在偏最小二乘回归模型中，每一个自变量的回归系数 x_j 将更容易理解。

4.1.3.1 冶金工业项目建筑安装工程费采用偏最小二乘法适应性分析

冶金工业项目中与成本相关的参数非常多，而且其中有些参数之间是存在很强的关系的（比如冷轧薄板的轧机机组、酸洗机组和镀锌机组之间存在相关性），加上样本有限，应用 PLS 显得尤为重要。在冶金工业项目投标报价时，招标人只是给出项目最终要达到的产能目标以及一些功能参数，投标人无法根据传统的计价方法计算工程成本，进而形成投标报价。但是对于多年从事冶金建筑施工的冶金施工企业来说，会积累以前工程的成本统计样本资料，以及相近项目的工程概况和估算指标，以这些基础数据资料为本书利用偏最小二乘回归分析提供了原始资料。偏最小二乘回归分析分为单因素和多因素两种，对于冶金项目工程成本的估价属于单因素的回归分析，以下本书将建立冶金工业项目的单因素偏最小二乘回归分析预测模型。

4.1.3.2 单因变量偏最小二乘回归（PLS1）模型

有样本空间 $X = \left[x_1, x_2, \cdots, x_k \right]_{n \times k}$ 和 $Y = \left[y \right]_{n \times 1}$，假如自变量 x 之间不存在相关性，而且因变量 y 和自变量 $x_1, x_2, \cdots, x_k$ 之间存在线性关系，就可以用最小二乘法建立回归分析方程，但是当自变量 x 之间存在相关性时，就不能采用最小二乘法建立回归方程了，这时候就需要采用偏最小二乘回归法。

为了运算方便和减少误差，需要对 X、Y 做标准化处理，标准化处理

方法如式 (4.1) 和式 (4.2) 所示。

$$x_{ij}^* = \frac{x_{ij} - \overline{x_j}}{s_j}, \quad i = 1,2,\cdots,n, \quad j = 1,2,\cdots,k \quad (4.1)$$

$$E_0 = (x_{ij}^*)_{n \times p}, \quad F_0 = \left(\frac{y_i - \overline{y}}{s_y}\right), \quad i = 1,2,\cdots,n \quad (4.2)$$

式中，$\overline{x_j}$ 是 X_j 的均值，s_j 是 X_j 的标准差；$\overline{y}$ 是 y 的标准差；s_y 是 y 的标准差。假如 u_1 存在如下关系，$u_1 = F_0 c_1$，$\|c_1\| = 1$，$t_1 = E_0 w_1$，其中 $w_1 = \frac{E_0' F_0}{\|E_0' F_0\|}$，且 $\|w_1\| = 1$。

可以看出，c_1 是一个常数，而且因为 $\|c_1\| = 1$，可以知道 $c_1 = 1$，即有

$$u_1 = F_0$$

由于 $F_0' E_0 E_0' F_0 c_1 = \theta_1^2 c_1$，所以

$$\theta_1^2 = \|E_0' F_0\|^2 \quad (4.3)$$

利用循环计算公式，可以求出

$$w_1 = \frac{1}{\theta_1} E_0' u_1 - \frac{E_0' F_0}{\|E_0' F\|} \quad (4.4)$$

因为 E_0, F_0 均是单位向量，所以，得出

$$E_0' F_0 = [E_{01}', \cdots, E_{0p}'] F_0 = [r(x_1, y), \cdots, r(x_p, y)] \quad (4.5)$$

则

$$w_1 = \frac{1}{\sqrt{\sum_{j=1}^{p} r^2(x_j, y)}} \begin{bmatrix} r(x_1, y) \\ \cdots \\ r(x_p, y) \end{bmatrix} \quad (4.6)$$

$$t_1 = E_0 w_1 = \frac{1}{\sqrt{\sum_{j=1}^{p} r^2(x_j, y)}} [r(x_1, y) E_{01} + \cdots + r(x_P, y) E_{0P}] \quad (4.7)$$

式中，关于 E_{0j} 的线性组合系数是

$$\frac{r(x_j, y)}{\sqrt{\sum_{j=1}^{p} r^2(x_j, y)}} \quad (4.8)$$

自变量 x_j 和因变量 y 之间相关性如果比较强，就可以把目标函数进行优化，优化结果如式 4.9 所示。

$$\theta_1 = \|E_0'F_0\| = \sqrt{\sum_{j=1}^{p} r^2(x_j, y)} \qquad (4.9)$$

把 E_0 和 F_0 在 t_1 上进行回归分析

$$E_0 = t_1 p_1' + E_1, F_0 = t_1 r_1 + F_1 \qquad (4.10)$$

式中，p_1，r_1 是回归系数，即

$$p_1 = \frac{E_0' t_1}{\|t_1\|^2}, \ r_1 = \frac{F_0' t_1}{\|t_1\|^2} \qquad (4.11)$$

记残差矩阵

$$E_1 = E_0 - t_1 p_1, F_1 = F_0 - t_1 r_1 \qquad (4.12)$$

进行偏最小二乘回归的第二步，用 E_1 代替 E_0，用 F_1 代替 F_0，就可以得到

$$w_2 = \frac{E_1' F_1}{\|E_1' F_1\|} = \frac{1}{\sqrt{\sum_{j=1}^{r} \text{cov}^2(E_{1j}, F_1)}} \begin{bmatrix} \text{cov}(E_{11}, F_1) \\ \cdots \\ \text{cov}(E_{1p}, F_1) \end{bmatrix} \qquad (4.13)$$

$$t_2 = E_1 w_2$$

可以得到式（4.14）

$$E_{1j}' F_1 = (n-1)\text{cov}(E_{1j}, F_1) \qquad (4.14)$$

实施 E_1 和 F_1 在 t_2 上的回归，得到

$$E_1 = t_2 p_2' + E_2, \ F_1 = t_2 r_2 + F_2 \qquad (4.15)$$

式中，$p_2 = \frac{E_1' t_2}{\|t_2\|^2}$，$r_2 = \frac{F_1' t_2}{\|t_2\|^2}$。

检验回归方程的收敛性，在这里的检验可以采用交叉有效性的方法，假如收敛性满足要求就可以停止运算，如果收敛性不满足要求，需要进行下一轮的回归运算。

通过上面几步计算，就可以得到 $t_1, t_2, \cdots, t_m[m < A, A = 秩(X)]$，此时可以建立回归方程

$$F'_0 = r_1 t_1 + r_2 t_2 + \cdots + r_m t_m + F_m \qquad (4.16)$$

通过以上内容可知，t_h 是 E_0 的线性组合，可以得到公式

$$t_h = E_{h-1} w_h = E_0 \prod_{j=1}^{A1} (I - w_j p'_j) w_h = E_0 w_h^* \qquad (4.17)$$

记 $w_h^* = \prod_{j=1}^{h-1} (I - w_j p'_j) w_h$

所以，$F_0 = r_1 E_0 w_1^* + \cdots + r_m E_0 w_m^* + F_m = E_0(r_1 w_1^* + \cdots + r_m w_m^*) + F_m$

重复上述计算，直至回归方程满足精度要求，这时，把 $t_1, t_2, \cdots, t_m$ 在 F_0 上进行回归，可以得到公式

$$\hat{F}_0 = r_1 t_1 + r_2 t_2 + \cdots + r_m t_m \qquad (4.18)$$

同时，可以得到公式

$$\hat{F}_0 = r_1 E_0 w_1^* + \cdots + r_m E_0 w_m^* \qquad (4.19)$$

式中，$w_h^* = \prod_{j=1}^{h-1} (I - w_j p'_j) w_h$。

假设 $x_j^* = E_{0j}$，$y^* = F_0$，则

$$\alpha_j = \sum_{h=1}^{m} r_h w_{hj}^*$$

式中，w_{hj}^* 是 w_h^* 的第 j 个分量。

最后，进行标准化的逆运算，可以得到最终的回归方程。

$$\hat{y} = \alpha_0 + \alpha_1 x_1 + \alpha_2 x_2 + \cdots + \alpha_k x_k \qquad (4.20)$$

成分多少的选择是根据交叉有效性来确定的，也就是先去掉一个样本点，建立回归方程，然后把该样本点加进去再建立回归方程，得到的拟合值记为 $\hat{y}_{hj(-i)}$。每一个 $i = 1, 2, \cdots, n$，重复进行上述的测试工作，这时候可以把 y_j 的预测误差平方和记为 $PRESS_{hj}$，得到公式（4.21）：

$$PRESS_{hj} = \sum_{i=1}^{n} (y_{ij} - \hat{y}_{hj(-i)})^2 \qquad (4.21)$$

把 $PRESS_h$ 定义为 y 的预测误差平方和，得到

$$PRESS_h = \sum_{i=1}^{k} PRESS_{hj} \qquad (4.22)$$

假如 $\hat{y}_{hji}$ 是样本点 i 的预测值，ss_{hj} 为 y_j 的误差平方，可以得到

$$ss_{hj} = \sum_{i=1}^{n} (y_{ij} - \hat{y}_{hji})^2 \qquad (4.23)$$

一般情况下（$PRESS_h/ss_{h-1}$）的取值可以根据公式（4.24）

$$\frac{PRESS_h}{ss_{h-1}} \leqslant 0.95^2 \qquad (4.24)$$

把 Q_h^2 定义为 t_h 的交叉有效性，可得出公式（4.25）：

$$Q_h^2 = 1 - \frac{PRESS_h}{ss_{h-1}} \qquad (4.25)$$

4.1.3.3　偏最小二乘法估价的 Matlab 算法实现

将影响冶金工业项目建筑安装工程费的自变量样本历史统计资料储存于文件名为 ppz.txt 的文件中，采用 Matlab 软件对历史统计资料进行偏最小二乘法的回归拟合计算，可以得出偏最小二乘回归函数，其拟合程序如下。

```
clc,clear
load ppz.txt
pz = ppz;
mu = mean(pz);sig = std(pz);
rr = corrcoef(pz);
data = zscore(pz);
n = 19;m = 1;
x0 = pz(:,1:n);y0 = pz(:,n +1:end);
e0 = data(:,1:n);f0 = data(:,n +1:end);
num = size(e0,1);
```

```
chg = eye(n);
for i = 1:n
matrix = e0'* f0* f0'* e0;
[vec,val] = eig(matrix);
val = diag(val);
[val,ind] = sort(val,'descend');
w(:,i) = vec(:,ind(1));
w_star(:,i) = chg* w(:,i);
t(:,i) = e0* w(:,i);
alpha = e0'* t(:,i)/(t(:,i)'* t(:,i));
chg = chg* (eye(n) - w(:,i)* alpha');
e = e0 - t(:,i)* alpha';
e0 = e;
beta = [t(:,1:i),ones(num,1)]\f0;
beta(end,:) = [];
cancha = f0 - t(:,1:i)* beta;
ss(i) = sum(sum(cancha.^2));
for j = 1:num
t1 = t(:,1:i);f1 = f0;
she_t = t1(j,:);she_f = f1(j,:);
t1(j,:) = [];f1(j,:) = [];
beta1 = [t1,ones(num-1,1)]\f1;
beta1(end,:) = [];
cancha = she_f - she_t* beta1;
press_i(j) = sum(cancha.^2);
end
press(i) = sum(press_i);
if i >1
Q_h2(i) = 1 - press(i)/ss(i-1);
else
```

```
Q_h2(1) =1;
end
if Q_h2(i) <0.0975
fprintf
r =i;
break
end
end
beta_z =[t(:,1:r),ones(num,1)]\f0;
beta_z(end,:) =[];
xishu =w_star(:,1:r)* beta_z;
mu_x =mu(1:n);mu_y =mu(n +1:end);
sig_x =sig(1:n);sig_y =sig(n +1:end);
for i =1:m
ch0(i) =mu_y(i) -mu_x./sig_x* sig_y(i)* xishu(:,i);
end
for i =1:m
xish(:,i) =xishu(:,i)./sig_x'* sig_y(i);
end
sol =[ch0;xish]
save mydata x0 y0 num xishu ch0 xish
yhat =[ones(1,62)',x0]* sol;
mape =mean(abs((yhat -y0)./y0));
my =mean(y0);
SST =sum((y0 -my).^2);
SSR =sum((yhat -my).^2);
SSE =sum((yhat -y0).^2);
R2 =SSR/SST
kk =n +1;
adjr2 =1 -(SSE/(num -kk))/(SST/(num -1))
```

经过偏最小二乘法得出的拟合函数是由多个影响造价的自变量构成的线性函数。拟建项目投标报价就可以根据此函数来确定。

4.1.4 冷轧薄板项目估价实证

现有 8 个冷轧薄板项目的产能指标及功能参数如表 4.1 所示，所用设备机组均为进口机组，估算拟建冷轧薄板项目的建筑安装工程费。

表 4.1 PLS2 方法估算冷轧薄板工程造价样本

样本	轧机机组单台价格（千万）（x_1）	镀锌机组单台价格（千万）（x_2）	酸洗机组单台价格（千万）（x_3）	生产能力（万吨）（x_4）	地基承载（KN/m²）（x_5）	钢结构厂房含钢量（kg/m）（x_6）	抗震烈度（x_7）	单方造价（元/m²）（y）
1	8300	3600	1100	120	90	220	8	26800
2	7600	3500	1000	90	100	210	8	21600
3	8200	3400	950	120	310	320	8	24600
4	7200	3100	850	80	240	280	8	19800
5	8100	3200	900	110	180	250	7	23700
6	9600	4200	1600	150	210	160	8	29300
7	9300	3900	1300	130	120	230	8	28400
8	8300	4000	1100	90	160	260	7	22600

设 x_1、x_2、x_3、x_4、x_5、x_6、x_7 所对应的标准化系数分别为 a、b、c、d、e、f、g，可以得到偏最小二乘回归方程，$y = ax_1 + bx_2 + cx_3 + dx_4 + ex_5 + fx_6 + gx_7$，将表 4.1 中各样本数据带入 Matlab 建模软件，得出各个变量的标准化系数 $a = -0.677$、$b = -0.402$、$c = 1.534$、$d = 1.080$、$e = -0.606$、$f = 0.846$、$g = -0.181$，将系数代入偏最小二乘回归方程，得到回归方程：

$$y = -0.677x_1 - 0.402x_2 + 1.534x_3$$
$$+ 1.080x_4 - 0.606x_5 + 0.846x_6 - 0.181x_7$$

4.2 基于 MATLAB/SIMULINK 冶金工业项目成本估价风险仿真模型

4.2.1 成本估价风险的概念

当对成本进行估价时，其实际情况往往与估价会有偏差，工程的实际费用大于估价费用会在一定概率情况下发生，这种概率就定义为成本估价风险。它的数学表达式为：

$$R = p\{(b - c) \geqslant 0\} \tag{4.26}$$

式中，b—实际发生成本，c—估算成本，R—估价风险值，P—概率。

成本估价风险度也可以作为成本估价风险状态的一个参考值，其定义如公式（4.27）所示：成本估价风险度是成本估价 C 的均值 $E(c)$ 与方差

$$FD = \frac{\sigma_c}{E_c} \tag{4.27}$$

式中，FD—成本估价风险度，σ_c—方差，$E(c)$—均值。

4.2.2 风险因素相关系数计算

风险因素之间的相关性可以用风险因素相关系数来确定，它的计算有以下几种方法：

1. 数理统计法

把连续随机变量 X 的标准差定义为 σ_x，把连续随机变量 Y 的标准差定义为 σ_y 二者的协方差定义为 σ_{xy}，可以得到 X、Y 的相关系数 ρ_{xy} 为：

$$\rho_{xy} = \frac{\sigma_{xy}}{\sigma_x \sigma_y} \tag{4.28}$$

下式为 X、Y 的协方差公式：

$$\rho_{xy} = \int_{-\infty}^{\infty} \int_{-\infty}^{\infty} (x - E(x))(y - E(y))f(x,y)dxdy \tag{4.29}$$

因为一般情况下，实际值都是离散型随机变量，所以，相关系数可以根据公式（4.30）来确定：

$$\rho_{xy} = \frac{\sum_{i=1}^{n}(x_i - E(x))(y_i - E(y))}{\sqrt{\sum_{i=1}^{n}(x_i - E(x))^2}\sqrt{\sum_{i=1}^{n}(y_i - E(y))^2}} \tag{4.30}$$

2. 主观估计法

假如独立随机变量定义为 X，其分布函数定义为 $f(x)$，Y 是 X 的因变量，其分布函数定义为 $g(y)$，Y 在给定的 X 值下的条件分布是 $h(y \mid x)$，此时可以把 X、Y 变换成正态分布式。

设 $Z(x)$ 与 $W(y)$ 的相关系数是 ρ^*，存在 $Z(x) \sim N(\mu_1, \sigma_1^2)$，$W(y) \sim N(\mu_2, \sigma_2^2)$，则

$$f(x) = dZ/dxF(Z(x)) \tag{4.31}$$

$$g(y) = dW/dyG(W(y)) \tag{4.32}$$

其中，$Z(x)$ 的概率分布函数是 F，$W(y)$ 的概率分布函数是 G。

可得到

$$h(y \mid x = x^*) = dW/dyH(W(y)) \tag{4.33}$$

其中

$$H(W(y)) \sim N(\mu_2 + \rho^* \frac{\sigma_2}{\sigma_1}(Z(x^*) - \mu_1), \sigma_2^2(1 - \rho^{*2})) \tag{4.34}$$

根据分位数的对应找出转换函数，存在以下公式

$$t(p) = q \tag{4.35}$$

同时，存在以下公式

$$W(p) = \mu_2 + \rho^* \frac{\sigma_2}{\sigma_1}(Z(q) - \mu_1) \tag{4.36}$$

可以得到

$$\rho^* = \frac{(W(p) - \mu_2)\sigma_1}{(Z(q) - \mu_1)\sigma_2} \qquad (4.37)$$

最终有

$$\rho^* = \frac{r_2}{r_1} \qquad (4.38)$$

可以把式 (4.36) 和式 (4.37) 联立方程组求解相关系数。

4.2.3 Matlab 模型成本估价法

设有人工工日消耗向量、材料消耗向量和机械台班消耗向量与项目的单价估计向量为 q_r、q_l、q_j，p_r、p_l、p_j。C_{zg} 定义为直接工程费，则存在以下公式

$$C_{zg} = \sum_{i=r,l,j} q_i^T p_i \qquad (4.39)$$

式中，措施费为 C_{cs}，措施费费率为 α_{cs}，直接费为 C_z，则直接费为

$$C_z = C_{zg} + C_{cs} = C_{zg} + C_{zg} \times \alpha_{cs} = C_{zg}(1 + \alpha_{cs}) \qquad (4.40)$$

式中，间接费为 C_j，间接费费率为 α_j，利润为 B，利润率为 α_b，税金为 T，税率为 α_t，则间接费为

$$C_j = C_z \alpha_j \qquad (4.41)$$

利润为

$$B = (C_z + C_j)\alpha_b = (C_z + C_z\alpha_j)\alpha_b = C_z(1 + \alpha_j)\alpha_b \qquad (4.42)$$

税金为

$$C_t = C_z(1 + \alpha_j + (1 + \alpha_j)\alpha_b)\alpha_t \qquad (4.43)$$

将直接费、间接费、利润和税金相加的到建筑安装工程费，记为 C_{jza}，建筑安装工程费为

$$C_{jza} = C_z + C_z\alpha_j + C_z(1 + \alpha_j)\alpha_b + C_z(1 + \alpha_j + (1 + \alpha_j)\alpha_b)\alpha_t$$
$$= C_z(1 + \alpha_j)(1 + \alpha_b)(1 + \alpha_t) \qquad (4.44)$$

4.2.4 相关随机数的产生

随机量 $C = (C_1, C_2, \cdots, C_n)^T$ 相关，且其均为正态分布向量，$\mu = (\mu_1, \mu_2, \cdots, \mu_n)^T$ 为其均值，$Z = \begin{bmatrix} \sigma_{11}^2 & \sigma_{12} & \cdots & \sigma_{1n} \\ \sigma_{21} & \sigma_{22}^2 & \cdots & \sigma_{2n} \\ \cdots & \cdots & \cdots & \cdots \\ \sigma_{n1} & \sigma_{n2} & \cdots & \sigma_{nn}^n \end{bmatrix}$ 为其协方差矩阵，

因为 Z 具有对称性和正定性，可以得到，$Z = XX^T$，$X = \begin{bmatrix} x_{11} & 0 & 0 & \cdots & 0 \\ x_{21} & x_{22} & 0 & \cdots & 0 \\ x_{31} & x_{32} & x_{33} & \cdots & 0 \\ \cdots & \cdots & \cdots & \cdots & \cdots \\ x_{n1} & x_{n2} & x_{n3} & \cdots & x_{nn} \end{bmatrix}$。

则存在以下公式

$$C = XN + \mu \tag{4.45}$$

因为 $Z = XX^T$，矩阵 X 的算法可以得到以下计算公式：

$$x_{11} = \sqrt{\sigma_1^2}, \quad x_{i1} = \frac{\sigma_{1i}}{x_{11}}, \quad i = 2, 3, \cdots, n$$

令 $s = \sum_{k=1}^{i-1} x_{ik}^2$，则 $x_{ii} = \sqrt{\sigma_{ii} - s}$。

令 $s = \sum_{k=1}^{j-1} x_{ik} x_{jk}$，则 $x_{ji} = \frac{(\sigma_{ij} - s)}{x_{ii}}$。

4.2.5 模型构建

建立冶金工业项目各影响因素相互独立的成本风险模型（见图4.4）。

再建立冶金工业项目各影响因素相互关联的成本风险模型（见图4.5）。

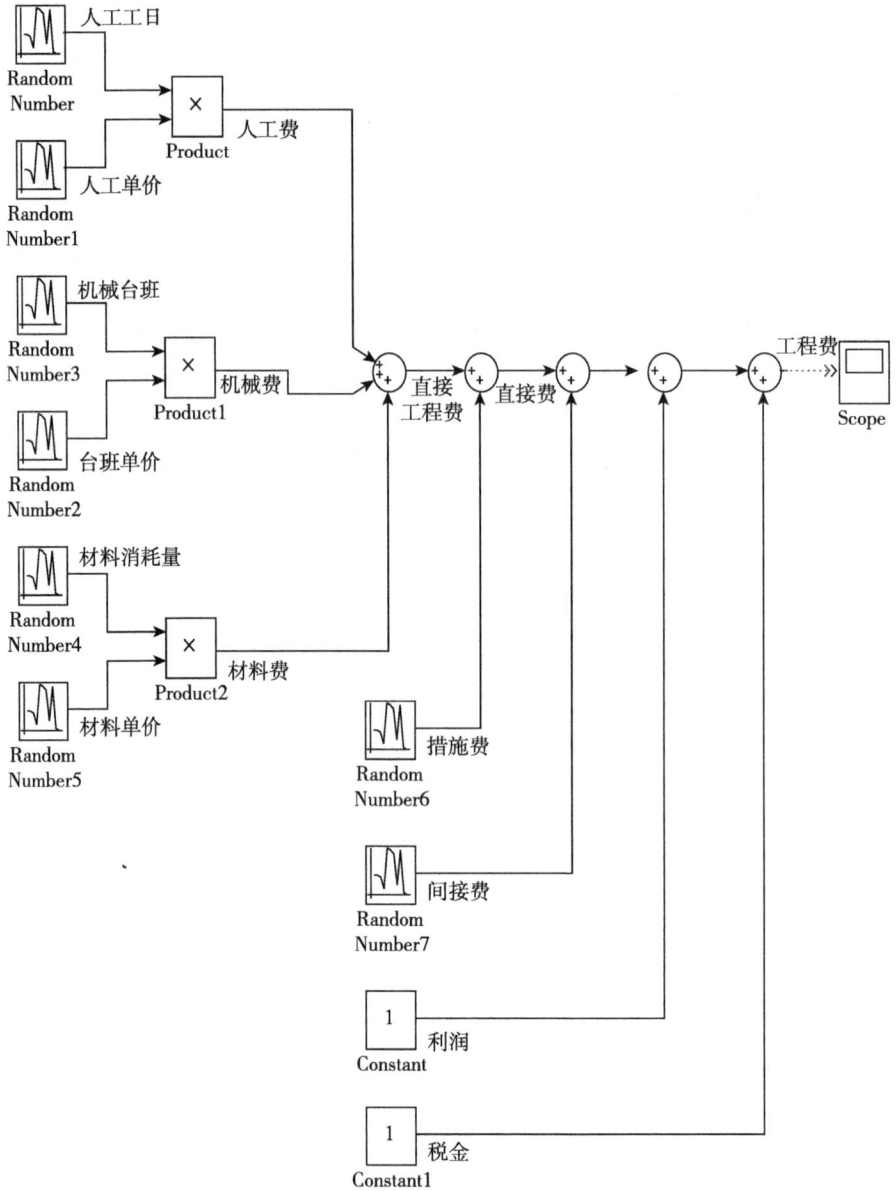

图 4.4　成本风险因素相互独立的 Matlab 仿真模型

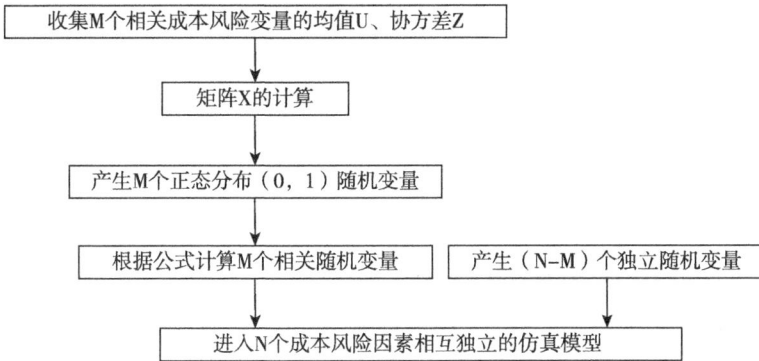

图4.5　成本风险因素相关的仿真框图

4.2.6　成本风险敏感性定量分析模型研究

设项目的预期成本为$C_{预期}$，项目的风险因素R_n出现的概率为P_n，造成的收益（或成本损失）为C_n（$n=1,2,3,\cdots,n$）（如造成收益则C_n取负值，造成成本损失则C_n取正值），得到成本损失的计算公式为

$$C_n = f_n(x_1, x_2, x_3, \cdots, x_k) \tag{4.46}$$

式中，$(x_1, x_2, x_3, \cdots, x_k)$为与成本有关的要素，比如材料量、人工工日、机械台班等。

将各风险因素出现的概率P_n与造成的收益（或成本损失）为C_n相乘取和，再加上项目的预期成本$C_{预期}$，就可以得到项目的最终成本，其公式如下：

$$C_{最终} = P_{预期} + P_1 f_1(x_1, x_2, x_3, \cdots, x_k) + $$
$$P_2 f_2(x_1, x_2, x_3, \cdots, x_k) + \cdots + P_n f_n(x_1, x_2, x_3, \cdots, x_k)$$

将其进行化简，可以得到

$$C_{最终} = P_{预期} + \sum_{i=1}^{n} P_i f_i(x_1, x_2, x_3, \cdots, x_k) \tag{4.47}$$

根据敏感性的定义，敏感性越大的因素，引起的成本的变化率越大，

这符合数学中导数的定义，从而对其公式（4.47）求偏导得到公式（4.48）

$$\frac{\partial C_{最终}}{\partial x_j} = \frac{\partial f_i}{\partial x_j}(式中\ i = 1,2,\cdots,n,j = 1,2,\cdots,k) \qquad (4.48)$$

比较其偏导的大小，取最大值，即可得到成本风险敏感性大的因素。

4.3　成本报价策略研究

4.3.1　方法选择

冶金项目基本都是采用邀请招标，参与投标的单位均为中冶科工集团有限公司旗下的子公司。面对当前冶金建筑市场严重萎缩的局面，冶金建筑企业对建筑市场的竞争也达到了白热化。施工总承包企业关注的最主要问题是在保证工期和质量的前提下，施工总承包成本最低。这一点就决定了冶金项目投标阶段成本优化的目的是在满足业主工艺功能、质量及工期以及自己合理获取利润的前提下，保证其投标报价具有竞争优势。

本章前两节是在理想状态下，即非竞争状态下，构建的冶金工程成本估计与成本风险因素模型，而在投标中的实际情况是要与业主及其他投标方展开竞争，这种竞争方式符合博弈理论。在前两节成本估价的基础上，本节拟建立投标阶段博弈模型。

4.3.2　模型假设

假设1：假设冶金建筑行业的建筑工程承包商的生产与管理水平是有差异的，相同工程量所需要的成本是不同的。

假设2：假设冶金建筑承包商施工成本的概率为 α（高成本），可以得到其低成本的概率为 $1-\alpha$。

假设3：冶金建筑承包商对项目进行低报价时中标的概率设定为 β_L，对项目进行高保价时，中标的概率为 β_H，可以知道 $\beta_L \geqslant \beta_H$。

假设4：假设冶金建筑施工总承包商的低投标报价数额为 P_L，高投标报价数额为 P_H，其低成本数额为 C_L，高成本数额为 C_H。在这里假定承包商的低报价是小于其高成本的（$P_L < C_H$），这就决定了冶金建筑施工总承包商在自身施工为高成本的情况下，而且投标报价为低报价必然采取索赔等增加工程收入，或者采取措施（比如绿色建造技术）降低工程成本的概率为1，这里所采取的措施有些是正当的手段，有些是不正当的手段，为了简化模型，这里统称为采取措施；同样可以得出，冶金工业施工总承包商在自身施工成本较低的情况下，对项目的投标报价较高时，采取措施的概率为零。

假设5：假设剩下的情况的发生概率都为 $\theta(0 < \theta < 1)$（高成本高保价和低成本低报价），当冶金工业项目的总承包商采取绿色建造技术等措施时，可以得到一定的额外收入，设定其额外收入为 e，当承包商采取不正当的措施时，可能会给业主造成一定的损失，设定该损失为 ke，k 为损失扩大系数，$k > 1$。

假设6：假如业主的收益为 $f(f > 0)$，如果冶金工业总承包商对项目进行低报价，那么业主可以多获得一部分收益，设定为 a。

假设7：假设业主对施工总承包单位的行为进行监督审查，其概率为 γ，监督审查费用为 c，业主监督审查的成功率（发现施工总承包单位的不正当措施）为 ω，不成功概率为 $1 - \omega$。且总承包商被监督审查到不正当行为，冶金工业项目施工总承包商就会受到一定经济处罚，设定经济处罚的额度为 d，设定承包商采取不正当措施的额外收益 e，则存在 $d > e$，同时业主可以得到收益 d。

4.3.3 基于博弈论的成本报价策略模型建立

业主和承包商的动态博弈模型如图4.6所示。

对上述24种情况进行博弈分析，可以得到总承包商与业主的收益向量列表，如表4.2所示。

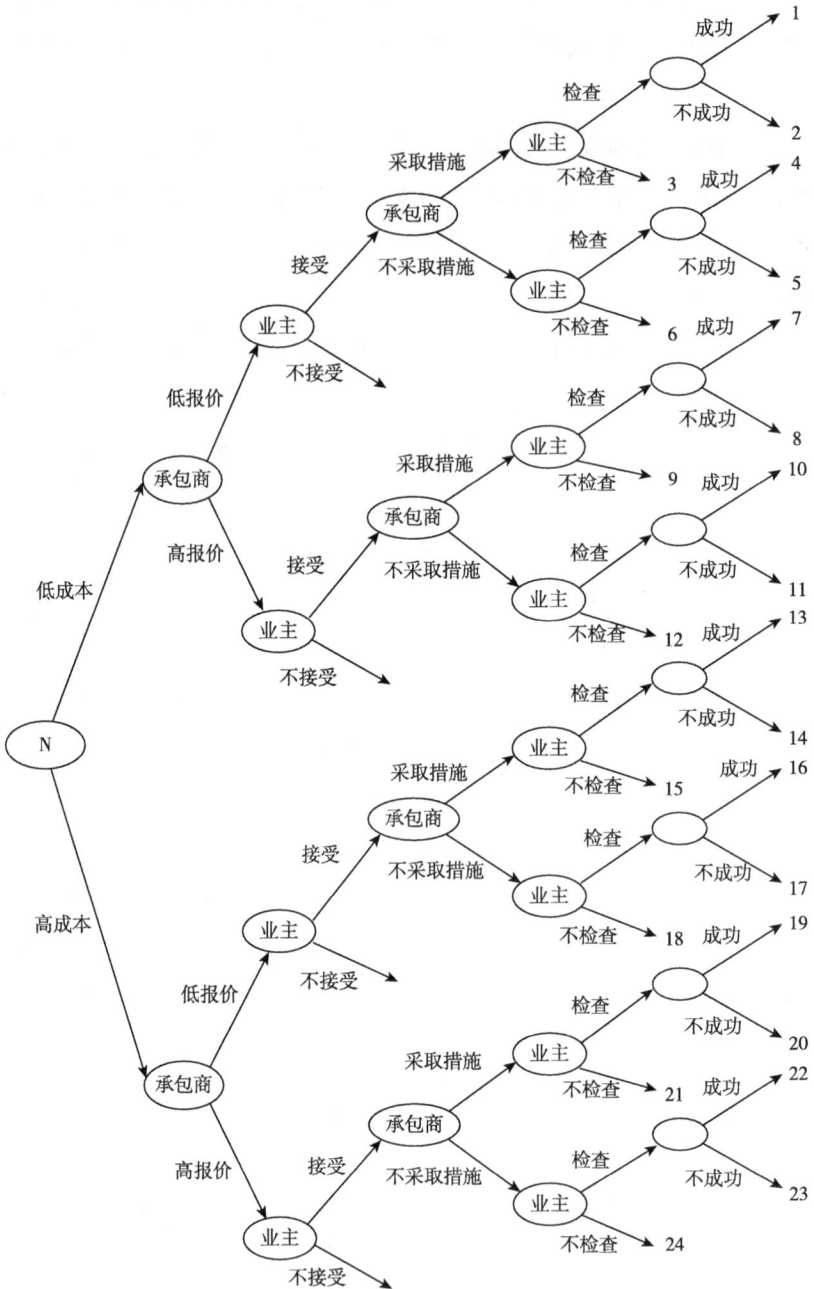

图 4.6　业主和承包商的动态博弈模型

表 4.2 业主及总承包商收益向量

情形	收益向量	情形	收益向量
1	$(P_L - C_L + e - d,\ f + a - ke - c + d)$	13	$(P_L - C_H + e - d,\ f + a - ke - c + d)$
2	$(P_L - C_L + e,\ f + a - ke - c)$	14	$(P_L - C_H + e,\ f + a - ke - c)$
3	$(P_L - C_L + e,\ f + a - ke)$	15	$(P_L - C_H + e,\ f + a - ke)$
4	$(P_L - C_L,\ f + a - c)$	16	$(P_L - C_H,\ f + a - c)$
5	$(P_L - C_L,\ f + a - c)$	17	$(P_L - C_H,\ f + a - c)$
6	$(P_L - C_L,\ f + a)$	18	$(P_L - C_H,\ f + a)$
7	$(P_H - C_L + e - d,\ f - ke - c + d)$	19	$(P_H - C_H + e - d,\ f - ke - c + d)$
8	$(P_H - C_L + e,\ f - ke - c)$	20	$(P_H - C_H + e,\ f - ke - c)$
9	$(P_H - C_L + e,\ f - ke)$	21	$(P_H - C_H + e,\ f - ke)$
10	$(P_H - C_L,\ f - c)$	22	$(P_H - C_H,\ f - c)$
11	$(P_H - C_L,\ f - c)$	23	$(P_H - C_H,\ f - c)$
12	$(P_H - C_L,\ f)$	24	$(P_H - C_H,\ f)$

4.3.4 模型分析

情形 1：（1）假设业主认为承包商施工成本是低成本，业主进行监督审核的收益为

$$\pi_1 = \big[(f + a - ke - c + d)\omega + (f + a - ke - c)(1 - \omega) \big]\theta + (f + a - c)(1 - \theta)$$

化简得到

$$\pi_1 = \big[d\omega - ke \big]\theta + (f + a - c)$$

不监督审核的期望收入为

$$\pi_2 = (f + a - ke)\theta + (f + a)(1 - \theta)$$

化简得到

$$\pi_2 = -ke\theta + f + a \tag{4.49}$$

（2）如果业主预测总承包商是最高成本，此时监督审核的期望收入为

$$\pi_3 = \big[(f + a - ke - c + d)\omega + (f + a - ke - c)(1 - \omega) \big]\theta + (f + a - c)(1 - \theta)$$

由假设 4 可知，总承包商高成本低报价时采取措施的概率为 1，不采

取措施的概率为零，所以有

$$\pi_3 = \left[(f + a - ke - c + d)\omega + (f + a - ke - c)(1 - \omega) \right]$$

化简得到

$$\pi_3 = d\omega + f + a - ke - c$$

不监督审核的期望收入为

$$\pi_4 = (f + a - ke)\theta + (f + a)(1 - \theta)$$

同理可得

$$\pi_4 = (f + a - ke) \tag{4.50}$$

（3）由总包报低价时，可以有以下公式：

$$\pi_{监督} = (1 - \alpha)\pi_1 + \alpha\pi_3 = (1 - \alpha)\left[(d\omega\theta - ke)\theta + f + a - c \right] +$$
$$\alpha\left[(f + a - ke)\theta + (f + a)(1 - \theta) \right]$$

$$\pi_{不监督} = (1 - \alpha)\pi_2 + \alpha\pi_4 = (1 - \alpha)(-ke\theta + f + a) + \alpha(f + a - ke)$$

令 $\pi_{不监督} = \pi_{监督}$

化简总承包商报最低价时采取措施的最佳概率

$$\theta^* = \frac{c}{(1 - \alpha)d\omega} - \frac{\alpha}{1 - \alpha} \tag{4.51}$$

情形2：（1）假设业主认为冶金工业承包商的施工成本是低成本，则业主监督审核收入为

$$\pi_1' = \left[(f - ke - c + d)\omega + (f - ke - c)(1 - \omega) \right]\theta + (f - c)(1 - \theta)$$

由假设4可知，总承包商低成本高报价时采取措施的概率为零，不采取措施的概率为1，所以有

$$\pi_1' = f - c$$

不监督审核的期望收入为

$$\pi_2' = (f - ke)\theta + f(1 - \theta) \tag{4.52}$$

同理可得

$$\pi_2' = f \tag{4.53}$$

（2）如果业主预测总承包商是高成本

此时监督审核的期望收入为

$$\pi'_3 = \left[(f - ke - c + d)\omega + (f - ke - c)(1 - \omega) \right]\theta + (f - c)(1 - \theta)$$

化简得到

$$\pi'_3 = (d\omega - ke)\theta + f - c$$

不监督审核的期望收入为

$$\pi'_4 = -ke\theta + f \qquad (4.54)$$

（3）由假设 2 可知，业主预测总承包商是高成本的概率为 α，低成本的概率为 $1 - \alpha$，从而可得

$$\pi'_{监督} = (1 - \alpha)\pi'_1 + \alpha\pi'_3 = (1 - \alpha)(f - c) + \alpha\left[(d\omega - ke)\theta + f - c \right]$$

$$\pi'_{不监督} = (1 - \alpha)\pi'_2 + \alpha\pi'_4 = (1 - \alpha)f + \alpha(-ke + f)$$

令 $\pi_{不监督} = \pi_{监督}$

简化计算，就可以得到冶金工业承包商采取高保价策略时的绿色建造技术等措施的最优概率为

$$\theta^{**} = \frac{c}{\alpha d\omega} \qquad (4.55)$$

（4）由情形 1 和情形 2 可以得出，冶金工业项目总承包商对项目进行低报价的时候，其采取绿色建造技术或者其他措施的最优概率为

$$\theta^* = \frac{c}{(1 - \alpha)d\omega} - \frac{\alpha}{1 - \alpha}$$

如果冶金工业项目总承包商在投标时对项目采取高报价，其采取措施，例如绿色建造技术的最优概率为 $\theta^{**} = \frac{c}{\alpha d\omega}$，如果有 $\theta^{**} \leqslant \theta^*$，即 $\frac{c}{\alpha d\omega} \leqslant \frac{c}{(1 - \alpha)d\omega} - \frac{\alpha}{1 - \alpha}$，构造函数 $y = \frac{c}{(1 - \alpha)d\omega} - \frac{\alpha}{1 - \alpha} - \frac{c}{\alpha d\omega}$ 要使不等式成立，即求使函数 $y \geqslant 0$ 的条件。计算可得，当 $c \geqslant d\omega$ 且 $\frac{c - \sqrt{c^2 - d\omega c}}{d\omega} \leqslant \alpha \leqslant \frac{c + \sqrt{c^2 - d\omega c}}{d\omega}$ 时，有 $y \geqslant 0$，当满足 $\frac{c - \sqrt{c^2 - d\omega c}}{d\omega} \leqslant \alpha \leqslant \frac{c + \sqrt{c^2 - d\omega c}}{d\omega}$ 时，总承包商高报价时采取措施的概率要小于等于低报价时采取措施的概率。

情形 3：（1）如果总承包商是低成本，其采取措施的期望收入为

$$\pi_1'' = \beta_L \{ [(P_L - C_L + e - d)\omega + (P_L - C_L + e)(1 - \omega)] \gamma +$$
$$(P_L - C_L + e)(1 - \gamma) \}$$

化简得到

$$\pi_1'' = \beta_L(-\omega d\gamma + P_L - C_L + e) \qquad (4.56)$$

不采取措施的期望收入为

$$\pi_2'' = \beta_L \{ [(P_L - C_L)\omega + (P_L - C_L)(1 - \omega)] \gamma + (P_L - C_L)(1 - \gamma) \} +$$
$$\beta_H \{ [(P_H - C_L)\omega + (P_H - C_L)(1 - \omega)] \gamma + (P_H - C_L)(1 - \gamma) \}$$

化简得到

$$\pi_2'' = \beta_L(P_L - C_L) + \beta_H(P_H - C_L) \qquad (4.57)$$

(2) 如果承包商是高成本时，其采取措施的期望收入为

$$\pi_3'' = \beta_L \{ [(P_L - C_H + e - d)\omega + (P_L - C_H + e)(1 - \omega)] \gamma +$$
$$(P_L - C_H + e)(1 - \gamma) \} + \beta_H \{ [(P_H - C_H + e - d)\omega +$$
$$(P_H - C_H + e)(1 - \omega)] \gamma + (P_H - C_H + e)(1 - \gamma) \}$$

化简得到

$$\pi_3'' = \beta_L(P_L - C_H + e - \omega d\gamma) + \beta_H(P_H - C_H + e - \omega d\gamma) \qquad (4.58)$$

不采取措施的期望收入为

$$\pi_4'' = \beta_H \{ [(P_H - C_H)\omega + (P_H - C_H)(1 - \omega)] \gamma + (P_H - C_H)(1 - \gamma) \}$$

化简得到

$$\pi_4'' = \beta_H(P_H - C_H) \qquad (4.59)$$

(3) 若想总承包商在中标后不采取措施，必须有 $\pi_1'' < \pi_2''$，$\pi_3'' < \pi_4''$。当总承包商是低成本时，有

$$\beta_L(-\omega d\gamma + P_L - C_L + e) < \beta_L(P_L - C_L) + \beta_H(P_H - C_L)$$

化简得到

$$e - \omega d\gamma < \frac{\beta_H}{\beta_L}(P_H - C_L) \qquad (4.60)$$

可以得出，当满足 $e - \omega d\gamma < \dfrac{\beta_H}{\beta_L}(P_H - C_L)$ 时，冶金工业项目总承包商不会采取不正当措施。

当冶金工业项目的总承包商的施工成本属于高成本时，有

$$\beta_L(P_L - C_H + e - \omega d\gamma) + \beta_H(P_H - C_H + e - \omega d\gamma) < \beta_H(P_H - C_H)$$

化简得到

$$e - \omega d\gamma < \frac{\beta_L(C_H - P_L)}{\beta_L - \beta_H} \qquad (4.61)$$

所以，当满足 $e - \omega d\gamma < \dfrac{\beta_L(C_H - P_L)}{\beta_L - \beta_H}$ 时，总承包商不会采取不正当措施。

（4）下面讨论当冶金工业建筑承包商在中标后，不采取不正当措施的时候，其如何反应自身的真实情况，也就是说，当承包商的成本较高时采取高报价，成本较低的时候采取低报价。

如果承包商的成本较低、采取低报价时，应该满足下式：

$$\beta_L\{[(P_L - C_L)\omega + (P_L - C_L(1 - \omega)]\gamma + (P_L - C_L)(1 - \gamma)\} >$$
$$\beta_H\{[(P_H - C_L)\omega + (P_H - C_L)(1 - \omega)]\gamma + (P_H - C_L)(1 - \gamma)\}$$

化简得到

$$\beta_L(P_L - C_L) > \beta_H(P_H - C_L) \qquad (4.62)$$

式（4.62）说明，总承包商的报价越低，越容易中标。

同样，承包商是高成本的时候，满足 $\beta_H(P_H - C_H) > \beta_L(P_L - C_H)$，这时总承包商会选择报高价。

5 冶金工业项目工程成本风险预警研究

预警（Early Warning）一词源于军事，是指通过飞机、雷达、卫星等预警工具提前发现、分析、判断敌人进攻信号，并将进攻信号威胁程度报告指挥部门，以提前采取对策。预警是指根据系统外部环境和内部条件的变化，对系统未来的不利事件或风险进行预测和报警。预警系统则是实现预警功能即预测和报警两种功能的一种系统。预警管理则是利用预警系统进行风险管理，并进行风险防范的一种活动。

冶金工业项目成本风险预警是成本控制的前提条件，是监测冶金项目建造过程中可能出现的成本风险影响因素，然后将其按一定的评价原则分成不同的风险因素等级，然后评价项目的风险，确定项目的成本风险预警等级，根据评价的结果采取相应的风险控制手段预防与控制风险的发生。

冶金工业成本风险预警系统应该包括 4 个要素：预警对象、预警指标体系、警度和预警模型。

5.1 成本风险预警设计思路

5.1.1 成本风险预警机制

冶金工业项目成本风险预警机制有以下 5 个方面。

1. 监测机制

冶金工业项目的成本风险监测机制是成本预警的前提与基础，它是利用先进的方法和手段对冶金项目建设过程中的风险信息进行采集的过程，监测机制是冶金工业项目成本风险预警的基础工作，它为后续成本风险预警提供信息支持。

2. 预警机制

冶金工业项目的成本风险预警是成本风险预警的核心部分，它是指利用数学工具对冶金工业项目的成本风险进行评价与预测，然后根据其结果对可能出现的成本风险进行报警的过程。

3. 矫正机制

矫正机制是指在冶金工业项目的建造过程中，对影响其成本的风险因素采取调节和控制措施，保证成本远离临界值。

4. 免疫机制

免疫机制是根据冶金工业项目成本风险的演化规律，采取合理合适的措施，使其能够控制影响成本出现的诱因，以避免出现成本风险。

5. 反馈机制

反馈机制是预警机制的有力补充，是一种被动的风险预警机制，它通过反馈成本风险信息来为项目管理人员提供风险处理决策支持。

5.1.2 成本风险预警的程序

5.1.2.1 成本风险预警的基本要素

在冶金工程成本风险预警中，经常使用以下 5 种预警要素。

（1）警情：冶金项目建造过程是一个广延耗散系统，由于系统与外界不断进行信息、物质和能量的交换，导致系统或子系统的状态可能出现不希望发生的偏差，这种偏差称为警情，它是风险预警时需要监控和预报的内容。

（2）警义：警义包括警素和警度两个参数，警素是构成警情的指标，是警情的客观反映；警度是警情的严重程度，是对警素定性与定量评判的结果。

（3）警源：警源是冶金项目建造过程中警情产生的根源，警源存在于危险源中，它是风险预警的对象。

（4）警兆：警兆指警源随系统状态的变化而导致警情变化的先兆。它是预警的依据，通过警兆分析可以判断系统的警情。

（5）警点：警点也称为警限，是警情由量变到质变的临界点，或是各级警度的分界点。

在冶金工程成本风险预警中，依据系统距离临界态的远近和警源的变化合理地确定警点是预警成败的关键。

5.1.2.2　冶金工程成本风险预警程序

系统工程的三维结构是美国学者霍尔于 1969 年提出的，三维结构概括了系统工程的工作步骤、阶段以及所涉及的专业知识，为解决复杂大系统问题提供了一个统一的思想方法。冶金工业项目成本风险预警的三维结构如图 5.1 所示。

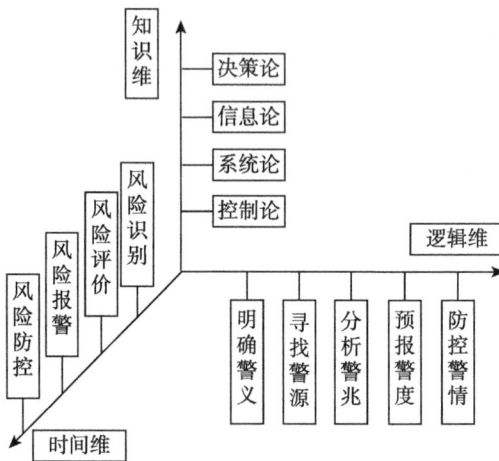

图 5.1　冶金工程成本风险预警三维结构

130

从图 5.1 可以看出，冶金工业项目的预警分为逻辑维、时间维和知识维。预警的逻辑维是运用系统工程的逻辑思维方法解决预警的问题。时间维指的是预警的发展过程和其前后顺序。知识维是指风险预警所采用的方法论与理论知识。

5.2   成本风险影响指标体系

5.2.1   成本风险影响指标的概念

预警指标体系是指为反映系统的风险状态而确定的由若干个相互联系的指标组成的指标集。在预警系统中，指标体系应具有以下 4 个功能。

1. 反映功能

反映功能是指标体系最基本的功能。指标是系统成本状态的一种反映，依据相应原则建立的指标体系应能敏感地反映系统在特定时间和空间的成本状态，据此可以了解和分析系统相应的风险程度，并可通过指标反馈信息对风险管理中存在的风险进行矫正或控制。

2. 导向功能

指标体系反映了相应系统的成本状态，管理者可依据指标体系进行成本管理，确保系统运行过程中不出现偏差，使系统保持在远离临界态的暂稳态中循环。依据指标体系，管理者可以掌握系统及其子系统的薄弱环节，并据此预测和掌握系统风险状态的发展趋势。同时，管理人员可以依据指标体系对相应的风险进行监测与监控，避免遗漏重要的风险因素。

3. 监测功能

监测功能是反映功能的动态体现。依据指标体系进行风险信息收集，对重要的指标进行实时风险监测，并依据相应的指标临界值对系统进行实时分析，当单一指标或指标体系超出相应的临界值时，依据事先规定的预警规则发出相应的预警信息。

4. 比较功能

定量化的指标可以用来分析与相似对象的关联性，通过对比收集到的指标信息与理想指标信息，可以确定系统的实时风险状态。

5.2.2 成本风险影响指标分析

5.2.2.1 成本风险影响指标的基本特征

由于冶金建设行业、市场以及施工工艺的特殊性，冶金工程成本风险既有与其他建设项目风险特征的共性，也有自身的独特性。根据冶金工程成本风险的基本特征，将其列入表 5.1 中。

表 5.1 冶金工程成本风险的基本特征

客观性	风险的客观性是指风险是一种客观存在，是人们不能拒绝与否认的。同时表明风险是时时刻刻存在的，风险管理是不可能消除风险的
结果双重性	风险不只是灾难的象征，风险中潜藏着大量的机遇，往往风险越高，其中蕴涵的机会越大
不确定性	风险是由于客观条件不断变化产生的不确定性引起的，即风险因素是各种不确定因素的副产品
可预测性	虽然风险因素是不确定的，但一般遵从一定的概率分布，人们可以通过对历史统计资料加以整理、分析，从而对风险因素作出测量和衡量，即对风险因素进行定量化
对象性	对象不同，相应涉及的风险就会不同，例如，承包商和业主的风险就不同。再者，正如上文提及的：对象所拥有的信息量的不同也决定了风险的不同
环境性	环境是产生风险的根源，特定环境和特定期间决定了特定的风险
多样性	按照不同的分类原则，风险可被分解成不同种类的风险。例如，在工程项目领域，按项目环境要素进行划分，可分为政治风险、经济风险和自然风险等；而对项目的目标要素划分，则又可分为工期风险、费用风险和质量风险等
复杂性	冶金项目风险管理所要处理的成本风险要比一般项目复杂得多，风险大得多
社会性	项目风险管理所涉及的社会成员（利益相关者）多，关系复杂
集成性	从事工程成本风险管理是承包者从全过程（集成）的观点出发进行全局性的综合管理，而不是把各阶段或各个过程分割开来进行的项目风险管理

动态性	冶金工程成本风险随着项目建设的进行而发生变化,体现在成本风险影响因素指标数量的变化,成本风险影响因素指标概率的变化,成本损失后果的变化等
可转移性	冶金项目的成本风险是可以转移的。例如,设计技术风险,可能会产生施工风险;如果质量与工期风险不有效控制,最终会导致成本风险的出现
阶段性	每个阶段的风险因素都是不同的,各种风险因素对工程成本的影响也是不同的,一般来说,项目决策阶段和设计阶段对工程成本风险的影响比较大
集中性	对成本影响最大的阶段在决策阶段,而最容易出现成本风险的阶段是在项目实施阶段,虽然导致这些风险出现的原因有可能是在决策阶段,但是最终风险起作用会集中在实施阶段,所以在决策阶段对项目评估是尤为重要的,而在实施阶段,成本风险管理的重点应该放到优化与控制上

5.2.2.2 成本风险影响指标构成分析

1. 自然风险

对工程成本具有影响的风险主要有:①不可抗力;②地理环境;③地质条件。这些自然风险有的发生概率比较高,比如不良的地质状况,有些虽然发生概率不是很高,但是一旦发生就会对项目造成毁灭性的打击,比如海啸。虽然海啸、飓风属于不可抗力的范畴,在合同条件中属于业主应该承担的风险,但业主往往利用自身的优势地位将这些风险转嫁给承包商。

2. 政治风险

与政治相关的风险主要有:①政治局势变化;②战争和骚乱;③法律与政策稳定性;④对外关系。当前,国内的政治局势比较稳定,基本没有发生战争和骚乱的可能性,这些影响成本的风险基本可以忽略。然而当前对于房地产等企业宏观调控政策引起的相关法律与政策的变化以及对钢铁企业等重污染行业的限制性政策仍是总承包商需要考虑的一个重要的影响成本的风险因素。

3. 经济风险

经济风险主要有:①宏观经济。当前,世界经济状况比较低迷,我国受此影响,当前的宏观经济环境并不理想。②通货膨胀、物价上涨。我国目前处于弱通货膨胀时期，物价出现大起大落的可能性不大，但不能排除偶发因素引起的某种或者多种建筑材料以及设备价格上涨的可能。③汇率波动和外汇管制。④财务风险。本项目的一些大型冶金机械设备需要进口，而且进口的单台设备价格往往比较大，在国际市场交易中，一般都采用美元交易，因此，需要考虑人民币与美元的汇率波动以及外汇管制。

4. 社会风险

社会风险涉及各个领域、各个阶层和各种行业，影响面极广，对工程实施会产生很大的影响。社会风险主要包括：①宗教信仰、社会习俗；②社会治安，例如罢工、恐怖主义、骚乱等；③地区支持、公众态度，例如工程所在地的政府部门对承包商的歧视性政策，政府人员的工作效率、廉洁度，以及周边组织、工会对承包商的态度等；④区域发展、工程所需劳工的素质，包括技术素质、文化素质、工作态度和生活习惯等。对于本项目来说，这些社会风险相对比较小。

此外，还有其他风险，将各风险绘制成工程成本风险分解结构图，如图5.2所示。

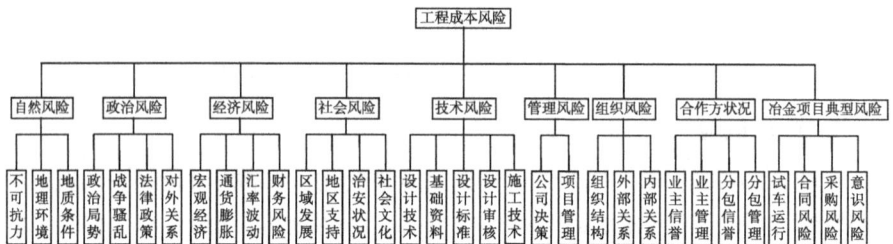

图5.2 工程成本风险分解结构图

5.3 成本风险预警模型研究

5.3.1 确定成本风险阈值

冶金工业项目的成本风险预警系统第一步是建立成本风险预警指标体

系，预先设定成本风险预警指标的阈值，系统根据输入项目当前的数据预测出下一阶段的成本风险值，当突破阈值时，系统将发出预警信息，并根据预警信息的类型、性质和警报的程度提示相应的预控措施，以供决策机构决策。

5.3.1.1　成本风险一层阈值确定方法

这层成本风险阈值是根据模糊综合评判法得来的 B_{max} 作为指标来进行的，其风险预警区间如表5.2所示。

表5.2　成本风险预警区间

指标名称	成本风险指标取值区间				
B_{max}	[0, 0.1]	(0.1, 0.2]	(0.2, 0.3]	(0.3, 0.4]	(0.4, 0.5]
风险等级	1	2	3	4	5
风险级别	低风险	较低风险	中度风险	较高风险	高风险
预警信号	绿灯	蓝灯	黄灯	桔灯	红灯

5.3.1.2　成本风险二层阈值确定方法

1. 冶金工程成本偏离的定量描述

挣值管理（Earned Value Management，EVM）是测量项目绩效的一种方法。EVM通过比较计划的工作（PV）、实际挣得的工作（EV）和实际的花费（AC）来确定成本和进度是否按照计划进行。美国项目管理学会PMI（Project ManagementInstitution）在《项目管理知识体系指南》PM-BOK2000版中，对EV、PV、AC进行了定义。挣值（EarnedValue，EV）指在规定的时间范围内所有完成的项目工作的价值，即到测量日期为止完成的所有项目活动累计的预算成本。计划值（PlannedValue，PV）指在规定的时间范围内（通常是项目当前日期）所有计划执行的项目活动（或项目活动的一部分）的已批准费用预算的总和。实际成本（Actual Cost，AC）是指到目前为止的项目工作所花费掉的成本，包括直接成本和间接成本。应用挣值管理理论对冶金项目的投资偏离进行定量描述，就是要选定刻画冶金项目实施阶段成本偏离的量，以便在对冶金项目的成本偏离进行预测和预警时选用。假设冶金项目施工时段为 $t_1, t_2, \cdots, t_n$，施工进行到时段 t_i 时，第 i 时段完成计划成本额为 C_i^*，完成实际成本额为 C_i。

2. 成本的量化

施工进行到时段 t_i 时，挣值 $EV(t_i)$，即已完工程计划成本为

$$EV(t_i) = \sum_{j=1}^{i} C_j^* \qquad (5.1)$$

实际成本 $AC(t_i)$，即已完工程实际成本为

$$AC(t_i) = \sum_{j=1}^{i} C_j \qquad (5.2)$$

成本偏离值 $\Delta C_c(t_i)$，对于时段 t_i，费用偏离值为到第 i 时段为止完成的实际成本额与该时段完成计划成本额之差，即

$$\Delta C_c(t_i) = AC(t_i) - EV(t_i) = \sum_{j=1}^{i} C_j - \sum_{j=1}^{i} C_j^* \qquad (5.3)$$

成本费用偏离率 $R_c(t_i)$，当施工进行到时段 t_i 时，成本费用偏离率 $R_c(t_i)$ 为施工进行到时段 t_i 时的投资费用偏离 $\Delta R_c(t_i)$ 与已完工程挣值 $EV(t_i)$ 之比，即

$$R_c(t_i) = \frac{\Delta R_c(t_i)}{EV(t_i)} \qquad (5.4)$$

3. 成本偏离阈值确定

冶金项目的分期计划成本额为 C_i^* 是根据项目的总体利润目标确定的每期成本，如果第 i 期的实际成本过高（或过低）的原因不是由进度加快（或减慢）或技术变更等因素引起的，而是因为存在不利于项目的风险因素导致的，则会产生成本偏差，也就是存在成本风险。根据这个理论，可以把 $R_c(t_i) = \dfrac{\Delta R_c(t_i)}{EV(t_i)}$ 设定为成本风险偏离的阈值，具体意义如表 5.3 所示。

表 5.3　成本风险预警区间

指标名称	成本风险指标取值区间				
$R_c(t_i) = \dfrac{\Delta R_c(t_i)}{EV(t_i)}$	[0%, ±2%]	(±2%, ±4%]	(±4%, ±6%]	(±6%, ±8%]	>10% 或 <-10%
风险等级	1	2	3	4	5
风险级别	低风险	较低风险	中度风险	较高风险	高风险
预警信号	绿灯	蓝灯	黄灯	桔灯	红灯

5.3.2　成本风险权重向量确定方法

5.3.2.1　集值迭代法

集值迭代法是建立在统计意义上的，其原理是多数专家认为指标的重要程度较大，则该指标权重应该较大。方法如下：

设 $X = \{x_1, x_2, \cdots, x_m\}$ 为指标集。现有 $L(L \geq 1)$ 位专家，让每位专家分别在指标集 X 中任意选取他认为最重要的 $S(1 \leq S \leq m)$ 个指标，则专家 k 选取的指标 X 的一个子集 $x^*\{x_1^*, x_2^*, \cdots, x_k^*\}, (k = 1, 2, \cdots, L)$。

定义函数

$$u_k(x_j) = \begin{cases} 1 & x_j \in X^k \\ 0 & x_j \notin X^k \end{cases}$$

$$f(x_j) = \sum_{k=1}^{t} u_k(x_j)$$

则指标的权重为

$$w_j = \frac{f(x_j)}{\sum\limits_{j=1}^{m} f(x_j)} \tag{5.5}$$

5.3.2.2　熵值法确定权重向量

熵值法是根据各指标观测值所提供信息量的大小确定权重的方法。按照信息论的定义，在一个信息通道中传输的第 I 个信号的信息量 I_i 为

$$I_i = -\ln p_i$$

其中，p_i 为这个信号出现的概率。若有 n 个信号，出现的概率分别为

p_i^0，$i = 1,2,\cdots,n$，则这个信号的平均信息量，即熵为

$$e = - \sum_{i=1}^{n} p_i \ln p_i \qquad (5.6)$$

利用熵的概念可用熵值法确定权重。

设 x_{ij} 为第 i 个方案的第 j 项指标的观测值（$i = 1,2,\cdots,n, j = 1,2,\cdots,n$）。对于给定的指标 x_j，x_{ij} 的差异越大，该指标所包含和传输的信息量越大。用熵可以度量这种信息量的大小。熵值法确定权重的步骤如下：

（1）计算指标 x_{ij} 的特征比重

$$p_{ij} = \frac{x_{ij}}{\sum_{i=1}^{n} x_{ij}} (\text{设 } x_{ij} \geqslant 0) \qquad (5.7)$$

（2）计算指标 x_{ij} 的熵值

$$e = - k \sum_{i=1}^{n} p_{ij} \ln p_{ij} \qquad (5.8)$$

式中，$k > 0$，此处可取 $k = \dfrac{1}{\ln n}$，使 e_j 归一化，则 $0 \leqslant e_j \leqslant 1$。

（3）算指标 x_j 的差异系数

$$g_i = 1 - e_j \qquad (5.9)$$

对于给定指标 x_j，x_{ij} 的差异越小，e_j 越大，g_i 越小。如对指标 x_j，各方案的 x_{ij} 全部相等，则 $p_{ij} = \dfrac{1}{n}$，$e_j = k \ln n = e_{\max} = 1$，$g_j = g_m = 0$，此时指标 x_j 对综合评价不起作用。所以 g_i 反映了指标 x_j 对总目标的重要程度。

（4）计算权重

$$w_j = \frac{g_j}{\sum_{j=1}^{m} g_j} \qquad (5.10)$$

5.3.2.3 层次分析法确定权重向量

层次分析法又称 AHP 法（Analytical Hierarchy Process），是 20 世纪 70 年代由美国学者 T. L. Saaty 提出的，它是在经济学、管理学中被广泛应用的方法，把一个复杂问题分解为组成因素，并按支配关系形成层次结构，

然后应用两两比较的方法确定决策方案的相对重要性。层次分析法可以将无法量化的风险按照大小排出顺序,把它们彼此区别开来。

1. 层次分析法模型

用层次分析法分析冶金工业项目成本风险需要把评价目标、评价准则和评价方案放入一个模型中,形成 3 个层次,其模型如图 5.3 所示。在这个模型中,评价目标,评价准则和评价方案处于不同层次。

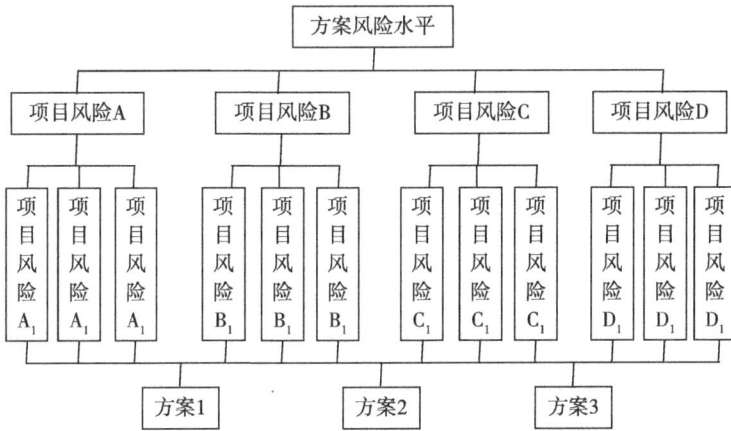

图 5.3　层次分析法模型

2. 层次分析法基本步骤

步骤一:确定评价目标,再明确评价方案的准则。

根据评价目标、评价准则,构造递阶层次结构模型。

(1)递阶层次结构类型。AHP 法所建立的层次结构一般有 3 种类型:第一种是完全相关性结构,即上一层次的每一要素与下一层次的所有要素完全相关;第二种是完全独立结构,即上一层次的每一要素都各自独立,都有各不相干的下层要素;第三种是混合结构,是上述两种结构的混合,为一种既非完全相关又非完全独立的结构。

(2)递阶层次结构模型的构造。递阶层次结构模型一般分为 3 层:第一,目标层:最高层次,或称理想结果层次,是指决策问题所追求的总目标;第二,准则层:评价准则或衡量准则,是指评价方案优劣的准则,也称因素层，约束层；第三，方案层：也称为对策层，指的是决策问题的可行方案。

各层间诸要素的联系用弧线表示，同层次要素之间无连线，因为它们相互独立，上层要素对下层要素具有支配关系，或下层对上层有贡献关系，即下层对上层无支配关系，或上层对下层无贡献关系，这样的层次结构被称为递阶层次结构。

步骤二：构造判断矩阵。

（1）判断尺度。判断尺度表示要素 A_i 对 A_j 的相对重要性的数量尺度，如表5.4所示。

表5.4　两两比较法的1～9标度

定义 (a_{ij})	标度
i 因素比 j 因素绝对重要	9
i 因素比 j 因素重要的多	7
i 因素比 j 因素重要	5
i 因素比 j 因素稍微重要	3
i 因素与 j 因素一样重要	1
i 与 j 两因素重要性介于上述两个相邻判断尺度中间	2、4、6、8

资料来源：袁红平．AHP法进行总承包模式下承包商风险分析．山西建筑，2006，VOL. 32（17）：215.

（2）判断矩阵。判断矩阵是以上层的某一要素 H_s 作为判断标准，对下一层要素进行两两比较确定的元素值。例如，在 H_s 准则下有 n 阶的判断矩阵 $A(a_{ij})n \times n$，其形式如下：

$$\begin{bmatrix} H_s & A_1 & A_2 & \cdots & A_j & \cdots & A_n \\ A_1 & a_{11} & a_{12} & \cdots & a_{1j} & \cdots & a_{1n} \\ A_2 & a_{21} & a_{22} & \cdots & a_{2j} & \cdots & a_{2n} \\ \cdots & \cdots & \cdots & & \cdots & & \cdots \\ A_i & a_{i1} & a_{i2} & \cdots & a_{ij} & \cdots & a_{in} \\ \cdots & \cdots & \cdots & & \cdots & & \cdots \\ A_n & a_{n1} & a_{n2} & \cdots & a_{nj} & \cdots & a_{nn} \end{bmatrix}$$

判断矩阵 A 有如下特性：$a_{ij} > 0$，$a_{ij} = \dfrac{1}{a_{ji}}$，$a_{ii} = 1$。

（3）确定项目风险要素的相对重要度。在应用 AHP 法进行评价和决策时，需要知道 A_i 关于 H_s 的相对重要度，即 A_i 关于 H_s 的权重。计算分析程序如下：计算判断矩阵 A 的特征向量 W。首先，确定判断矩阵的特征向量 W，然后，经过归一化处理即得到相对重要度。

$$W_i = (\prod_{j=1}^{n} a_{ij}) \quad i = 1,2,\cdots,n \tag{5.11}$$

$$W = \sqrt[n]{W_i} \tag{5.12}$$

$$W_{Bi} = \frac{W_i}{W} \tag{5.13}$$

（4）一致性判断。在对系统要素进行相对重要性判断时，由于主要运用专家的隐性知识，因而不可能完全精密地判断出 $\dfrac{W_i}{W_j}$ 的比值，而只能对其进行估计，因此，必须进行相容性和误差分析。估计误差必然会导致判断矩阵特征值的偏差，据此定义相容性指标。

若矩阵 A 完全相容时，则 $\lambda_{\max} = n$，若不相容时，则 $\lambda_{\max} > n$，因此，可应用 $\lambda_{\max}$ 与 n 的关系来界定偏离相容性的程度。设相容性指标为 $C.I.$，则有

$$C.I. = \frac{(\lambda_{\max} - n)}{(n - 1)} \tag{5.14}$$

式中，$\lambda_{\max}$ 是判断矩阵 A 的最大特征根，其算法如下

$$\lambda_{\max} = \sum_{i=1}^{n} \frac{[AW]_i}{nW_i} \tag{5.15}$$

式中，矩阵 $[AW]$ 的第 i 个分量定义为 $[AW]_i$

一致性指标 CR 的定义为

$$CR = \frac{C.I.}{C.R.} \tag{5.16}$$

式中，$C.R.$ 指随机性指标，当一致时，$C.I. = 0$；不一致时，一般有

$\lambda_{\max} > n$，因此，$C.I. > 0$，故一般可根据 $C.I. < 0.1$ 来判断。对于如何衡量 $C.I.$ 可否被接受，Staaty 构造了最不一致的情况，就是对不同 n 的比较矩阵中的元素，采取 1/9，1/7，1/5，5，7，9，随机取数的方式赋值，并且对不同 n 用了 100~500 个字样，计算其一致性指标，再求其平均值，记为 $C.R.$，其结果如表 5.5 所示。

表5.5 随机性指标 *C. R.*

n	1	2	3	4	5	6	7	8	9	10	11
C. R.	0	0	0.58	0.9	1.12	1.24	1.32	1.41	1.45	1.49	1.51

若一致性指标 $C.R. < 0.1$，则认为判断矩阵的一致性可以接受，权重向量 W 可以接受。

(5) 计算综合重要度。在计算各层次要素对上一级 H_s 的相对重要程度以后，即可从最上层开始，自上而下地求出各层要素关于系统总体的综合重要度，对所有项目风险因素进行优先排序。其分析计算过程如下：

设第二层为 A 层，有 m 个要素 A_1，A_2，$\cdots$，A_m，它们关于系统总体的重要度分别为 a_1，a_2，$\cdots$，a_m。第三层为 B 层，有 n 个要素 B_1，B_2，$\cdots$，B_n，它们关于 a_i 的相对重要度分别为 b_1^i，b_2^i，$\cdots$，b_n^i，则第 B 层的要素 B_j 的综合重要度为

$$b_j = \sum_{i=1}^{m} a_i b_j^i \quad j = 1,2,\cdots,n \qquad (5.17)$$

即下层 j 要素的综合重要度是以上层要素的综合重要度为权重的相对重要度的加权和。

B 层全部要素的综合重要度如表 5.6 所示。

表5.6 综合重要度计算

B_i \ A_i	A_1 A_2 $\cdots$ A_m	B_{wj}
	a_1 a_2 $\cdots$ a_m	
B_1	b_1^1 b_1^2 $\cdots$ b_1^m	$b_{w1} = \sum_{i=1}^{m} a_i b_1^i$

$\diagdown$ A_i B_i	A_1 A_2 $\cdots$ A_m	B_{wj}
	a_1 a_2 $\cdots$ a_m	
B_2	b_2^1 b_2^2 $\cdots$ b_2^m	$b_{w2} = \sum_{i=1}^{m} a_i b_2^i$
$\cdots$	$\cdots$	$\cdots$
B_n	b_n^1 b_n^2 $\cdots$ b_n^m	$b_{wn} = \sum_{i=1}^{m} a_i b_n^i$

资料来源：刘相锋. 层次分析法在项目风险分析中的应用. 甘肃农业，2006（3）：150.

5.3.3 成本风险预警体系构建

风险预警模型是依据预警对象的演化规律，通过构建预警指标体系，利用所建立的预警模型对系统的运行状态和趋势进行分析、预测、评判的一种方法。初步统计，目前的主要预警模型有 30 多种，其中几种有代表性预警模型的主要原理和特点如表 5.7 所示。

表 5.7　各类预警模型

模型名称	主要原理和特点	提出人及提出时间
主成分分析法（PCA）	利用降维的思想，主要用于预警指标的筛选，指标权重的计算	Karl Pearson 于 1901 年提出
判别分析法（DA）	采用多个指标作为自变量，并依据已有的样本作为统计分析的依据，通过分析已有样本的规律寻找待检样本的状态	Altman 首次应用
人工神经网络法（ANNS）	模仿人脑思维，具有自我学习、自我调整的能力，在预警指标历史数据较少、指标间具有非线性相互作用时具有较好的应用效果	McCulloch 和 Pitts 于 1943 年建立了神经网络和数学模型；1957 年 Rosenblatt 提出了感知器模型
系统动力学（SD）	能处理非线性、高阶次、多变量、多重反馈的系统问题，可采用定性与定量的方法解决复杂问题	J. W. Forrester 于 1956 年创建

模型名称	主要原理和特点	提出人及提出时间
支持向量机法（SVM）	入向量映射到一个高维特征空间，在这个空间中构造最优分类超平面。最优超平面使每类距离超平面最近的样本到超平面的距离之和最大	Vapnik 等于 1963 年提出
模糊综合评判模型	该综合评价法根据模糊数学的隶属度理论把定性评价转化为定量评价，具有结果清晰、系统性强的特点，能较好地解决模糊的、难以量化的问题，适合各种非确定性问题的解决	L. A. Zadeh 于 1965 年提出了模糊集合理论
自回归滑动平均模型（ARMA）	是一种准确度比较高的短期预测方法，适用于各种类型的时间序列	Box 和 Jenkins 于 1968 年提出
层次分析法（AHP）	定性问题定量化处理，常用来处理多目标决策问题。在预警系统中可以用来对警兆指标进行排序、筛选及权重分配	A. L. saaty 于 20 世纪 70 年代提出
风险价值模型（VAR）	在一定的置信水平下研究未来的风险，将线性模型与非线性模型有机结合起来	Sims 于 1980 年提出
Logistic 回归模型	通过选择样本和定义变量进行描述性统计及指标检验，根据检验结果进行变量间的相关性分析	19 世纪 80 年代提出
自回归条件异方差模型 ARCH 模型	从统计上提供了用过去误差解释未来预测误差的一种方法，可以处理非线性问题	Robert Engle 于 1982 年首次提出
灰色预测模型（GM）	用等时距观测到的反映预测对象特征的一系列数量值构造灰色预测模型，预测未来某一时刻的特征量，或达到某一特征量的时间	邓聚龙于 1982 年提出
粗糙集法（RS）	能有效地分析不精确、不一致、不完整等各种不完备的信息，还可以对数据进行分析和推理，从中发现隐含的知识，揭示潜在的规律	Z. Pawlak 于 1982 年提出
基于概率的模式识别（MR）模型	把未知预警度的新预警样本与已知警度的预警标准样本进行比较辨别，从而确定新预警样本所归属的预警模式类别	Mottl 于 1983 年提出的模式识别原理
可拓模型（ET）	建立物元模型，通过各种变换去寻求事物矛盾的内在机制	蔡文等于 1983 年提出

模型名称	主要原理和特点	提出人及提出时间
STV 横截面回归模型	使用指标数据作为横截面数据，然后做线性回归。该模型的指导思想是寻求哪些国家最有可能发生货币危机，而不是分析什么时候会发生货币危机[122]	Sachs，Tornell 和 Velasco 于 20 世纪 90 年代研究建立
概率模型（FR）	通过对一系列前述指标的样本数据进行最大对数似然估计，以确定各个引发因素的参数值，从而根据估计出来的参数建立用于外推估计风险的大小[122]	Frankel 和 Rose 于 1997 年提出
KLR 信号分析法	运用历史数据进行统计分析，确定先行指标，然后为每一个选定的先行指标根据历史数据确定一个安全阈值，当某个指标超过阀值就意味着该指标发出了一个危机信号，危机信号发出越多，风险越大	Kaminsky、Lizondo 和 Reinhart 于 1998 年创立

5.3.3.1 模糊综合评价法

模糊综和评价法是对受多种风险因素影响的事物作出全面评价的一种十分有效的多因素决策方法，该方法是从影响评价指标的主要因素出发，根据判断对评价指标分别作出不同程度的模糊评价，然后通过模糊数学提供的方法进行运算，得出定量综合评价结果的一种分析方法。该方法既有严格的定量刻画，也有对难以定量分析的模糊现象进行主观上的定性描述，把定性描述和定量分析紧密结合起来。因此，可以说是一种比较适合工程项目风险评价的方法，而且也是近年来发展较快的一种新方法。对于处理工程项目风险中的不确定性和人为主观因素，模糊综和评价方法是一种很好的工具。这种方法对于风险因素比较明确、规模比较大的项目是一种非常全面和可靠的方法，但该方法在实际应用时会面临专家意见的采集和处理的困难。

5.3.3.2 模糊综合评价原理与模型

1. 模糊综合评价原理

模糊综合评价是对受到多个不确定性因素制约的系统作出一个总的综合判断，进而作出相关决策的过程。模糊综合评价的基本数学模型如下

$$B = A \circ R \qquad (5.18)$$

式中，A 称为输入，它是由各个评价指标的权重经归一化处理得到的一个 $(1 \times n)$ 阶行矩阵，R 称为模糊变化，它是由个评价指标的评价行矩阵组成的一个 $(n \times m)$ 阶模糊关系矩阵，B 称为输出，是要求的综合评价结果，它是 $(1 \times m)$ 阶行矩阵的形式；"$\circ$" 是模糊变换算子，可根据实际情况的不同，采用不同的算子，诸如 $(\wedge, \vee), (\cdot, \vee), (\wedge, \oplus), (\cdot, +)$ 等，对不同算子的计算结果进行对比，可运用上述基本模型对项目风险进行一级或多级评价。

2. 模糊综合评价模型

模糊综合评价的数学模型包括因素集、评价集、权重集，其评价过程分为 3 个步骤。

步骤 1：确定组成要素。

模糊评价方法涉及 3 个因素，3 个因素构成的集合分别称为因素集、评价集、权重集。

（1）因素集 $U = \{u_1, u_2, \cdots, u_n\}$。元素 $u_i (i = 1, 2, \cdots, n)$ 代表各风险影响因素。因素集中的因素，可以是模糊的，也可以是非模糊的，但它们对因素 U 的关系，要么 $u_i \in U$，要么 $u_i \in U$，二者必居其一。因此，因素集本身应是一个普通集。另外，若采用二级综合评价，则将因素集 $U = \{u_1, u_2, \cdots, u_n\}$ 分成若干组，即 $U = \{u_1, u_2, \cdots, u_k\}$，使得 $U = \cup U_i, U_i \cap U_j = \Phi (i \neq j)$，这时称 $U = \{u_1, u_2, \cdots, u_k\}$ 为一级因素集，$U_i = \{u_{i1}, u_{i2}, \cdots, u_{ik}\} (i = 1, 2, \cdots, k)$ 为二级因素集。

（2）评价集 $V = \{v_1, v_2, \cdots, v_n\}$。评价集是评价者对风险因素可能作出的各种判断结果所组成的集合。元素 $v_i (i = 1, 2, \cdots, m)$ 即代表各种可能的总评判结果。模糊综合评价的目的，就是在综合考虑所有影响因素的基础上，从评价集中得出一个最佳的评价结果，评价集合也是一个普通集。

（3）权重集 $A = \{a_1, a_2, \cdots, a_n\}$。一般来说，在评价过程中，各个因素的重要程度是不一样的。为了反映各因素的重要程度，对各个因素应赋予一个相应的权重。由每个因素的权重所组成的集合称为因素权重集，简称权重集。权重集反映了各因素在决策过程中的地位和作用，因此，合理的确定权重集是保证评价质量的关键。本书在前文所述的 AHP（层次分析法）建立的各权重集的基础上进行后续风险综合评价模型构建。

步骤 2：单因素评价。

评价因素集 $U = \{u_1, u_2, \cdots, u_n\}$ 中的因素，对第 j 个因素 v_j 的隶属度为 r_{ij}，因素集中的元素 $u_i(i = 1, 2, \cdots, n)$ 的评价结果可用模糊集合 $R_i = (r_{i1}, r_{i2}, \cdots, r_{in})$ 来表示。

单因素评价集如下：

$$R_1 = (r_{11}, r_{12}, \cdots, r_{1n})$$
$$R_2 = (r_{21}, r_{22}, \cdots, r_{2n})$$
$$\cdots$$
$$R_3 = (r_{31}, r_{32}, \cdots, r_{3n})$$

这样可以得到单因素评价矩阵

$$R_1 = \begin{bmatrix} r_{11} & r_{12} & \cdots & r_{1n} \\ r_{21} & r_{22} & \cdots & r_{2n} \\ \cdots & \cdots & \cdots & \cdots \\ r_{n1} & r_{n2} & \cdots & r_{nn} \end{bmatrix}$$

步骤 3：进行模糊综合评价。

模糊综合评价可表示为：

$$B = A \cdot R$$

即

$$B = A \cdot R = \begin{bmatrix} a_1 & a_2 & \cdots & a_n \end{bmatrix} \begin{bmatrix} r_{11} & r_{12} & \cdots & r_{1n} \\ r_{21} & r_{22} & \cdots & r_{2n} \\ \cdots & \cdots & \cdots & \cdots \\ r_{n1} & r_{n2} & \cdots & r_{nn} \end{bmatrix}$$

$$= \begin{bmatrix} b_1 & b_2 & \cdots & b_j & \cdots & b_n \end{bmatrix}$$

其中，$b_j = a_1 r_{1j} + \cdots + a_n r_{nj} (j = 1, 2, \cdots, n)$

5.4 冶金工业项目工程成本风险预警实证

5.4.1 成本风险因素权重向量确定

以成本风险识别实证为基础，在本节将详细阐明 AHP 方法的矩阵构建和数据检验过程。根据 AHP 法的结构层次原则，把项目成本风险作为目标层 A，自然风险、社会风险、政治风险、经济风险等 9 个子风险层作为准则层 B，其下的分目标作为方案层 C。准则层 B 的各风险因素主要包括以下 9 个方面：自然风险（B1）、政治风险（B2）、经济风险（B3）、社会风险（B4）、技术风险（B5）、管理风险（B6）、组织风险（B7）、合作方情况（B8）、EPC 典型风险（B9）。根据德尔菲法广泛征求专家及参建单位管理的意见，建立 A 层次两两风险判断矩阵如表 5.8 所示。

表 5.8 A 层次两两判断矩阵

A	B_1	B_2	B_3	B_4	B_5	B_6	B_7	B_8	B_9
B_1	1	3	2	4	1/3	1/5	1/6	1/4	1/2
B_2	1/3	1	1/2	2	1/5	1/7	1/8	1/6	1/4
B_3	1/2	2	1	3	1/4	1/6	1/7	1/5	1/3
B_4	1/4	1/2	1/3	1	1/6	1/8	1/9	1/7	1/5
B_5	3	5	4	6	1	1/3	1/4	1/2	2
B_6	5	7	6	8	3	1	1/2	2	4
B_7	6	8	7	9	4	2	1	3	5
B_8	4	6	5	7	2	1/2	1/3	1	3
B_9	2	4	3	5	1/2	1/4	1/5	1/3	1

构建 B 层次的两两判断矩阵，自然风险（B1）包括 3 个风险因素，分别是不可抗力（C1）、地理环境（C2）和地质条件（C3），判断矩阵如表 5.9所示。

表 5.9 B_1 层次自然风险两两判断矩阵

B_1	C_1	C_2	C_3
C_1	1	1/2	1/5
C_2	2	1	1/2
C_3	5	2	1

政治风险（B2）包括 4 个风险要素，分别是政治局势（C4）、战争骚乱（C5）、法律政策（C6）和对外关系（C7），判断矩阵如表 5.10 所示。

表 5.10 B_2 层次政治风险两两判断矩阵

B_2	C_4	C_5	C_6	C_7
C_4	1	4	3	2
C_5	1/4	1	1/7	2
C_6	1/3	7	1	5
C_7	1/2	2	1/5	1

经济风险（B_3）包括 4 个风险要素，分别是宏观经济（C_8）、通货膨胀（C_9）、汇率波动（C_{10}）和财务风险（C_{11}），判断矩阵如表 5.11 所示。

表 5.11 B_3 层次经济风险两两判断矩阵

B_3	C_8	C_9	C_{10}	C_{11}
C_8	1	3	5	3
C_9	1/3	1	2	1/2
C_{10}	1/5	1/2	1	1/5
C_{11}	1/3	2	5	1

社会风险（B_4）包括 4 个风险要素，分别是区域发展（C_{12}）、地区支持（C_{13}）、治安状况（C_{14}）和社会文化（C_{15}），判断矩阵如表 5.12 所示。

表 5.12 B_4 层次社会风险两两判断矩阵

B_4	C_{12}	C_{13}	C_{14}	C_{15}
C_{12}	1	1/2	2	4
C_{13}	2	1	1/3	5
C_{14}	1/2	3	1	2
C_{15}	1/4	1/5	1/2	1

技术风险（B_5）包括5个风险要素，分别是设计技术（C_{16}）、基础资料（C_{17}）、设计标准（C_{18}）、设计审核（C_{19}）和施工技术（C_{20}），判断矩阵如表5.13所示。

表5.13　B_5层次技术风险两两判断矩阵

B_5	C_{16}	C_{17}	C_{18}	C_{19}	C_{20}
C_{16}	1	2	5	3	7
C_{17}	1/2	1	3	2	5
C_{18}	1/5	1/3	1	2	2
C_{19}	1/3	1/2	1/2	1	4
C_{20}	1/7	1/5	1/2	1/4	1

管理风险（B_6）包括2个风险要素，分别是公司决策（C_{21}）和项目管理（C_{22}），判断矩阵如表5.14所示。

表5.14　B_6层次管理风险两两判断矩阵

B_6	C_{21}	C_{22}
C_{21}	1	2
C_{22}	1/2	1

组织风险（B_7）包括3个风险要素，分别是组织结构（C_{23}）、外部关系（C_{24}）和内部关系（C_{25}）判断矩阵如表5.15所示。

表5.15　B_7层次技术风险两两判断矩阵

B_7	C_{23}	C_{24}	C_{25}
C_{23}	1	1/2	2
C_{24}	2	1	4
C_{25}	1/2	1/4	1

合作方状况（B_8）包括4个风险要素，分别是业主信誉（C_{26}）、业主管理（C_{27}）、合作方信誉（C_{28}）和合作方管理（C_{29}）判断矩阵如表5.16所示。

表 5.16 B₅ 层次技术风险两两判断矩阵

B₈	C₂₆	C₂₇	C₂₈	C₂₉
C₂₆	1	5	2	3
C₂₇	1/5	1	1/3	1/2
C₂₈	1/2	3	1	2
C₂₉	1/3	2	1/2	1

冶金项目典型风险（B_9）包括 4 个风险要素，分别是试车运行（C_{30}）、设计接口（C_{31}）、采购风险（C_{32}）和意识风险（C_{33}）判断矩阵如表 5.17 所示。

表 5.17 B₉ 层次技术风险两两判断矩阵

B₉	C₃₀	C₃₁	C₃₂	C₃₃
C₃₀	1	1/2	1/4	1/5
C₃₁	2	1	2	3
C₃₂	4	1/2	1	1/2
C₃₃	5	1/3	2	1

根据式（5.11）、式（5.12）、式（5.13）确定工程成本风险要素的相对重要度，计算结果如表 5.18 所示。

表 5.18 W_{Bi} 计算

A	B₁	B₂	B₃	B₄	B₅	B₆	B₇	B₈	B₉	W_i	W	W_{Bi}
B₁	1	3	2	4	1/3	1/5	1/6	1/4	1/2	1/30	0.685	0.052
B₂	1/3	1	1/2	2	1/5	1/7	1/8	1/6	1/4	1/2240	0.424	0.032
B₃	1/2	2	1	3	1/4	1/6	1/7	1/5	1/3	1/840	0.473	0.036
B₄	1/4	1/2	1/3	1	1/6	1/8	1/9	1/7	1/5	1/362880	0.241	0.018
B₅	3	5	4	6	1	1/3	1/4	1/2	2	30	1.459	0.111
B₆	5	7	6	8	3	1	1/2	2	4	5040	2.579	0.197
B₇	6	8	7	9	4	2	1	3	5	362880	4.147	0.316
B₈	4	6	5	7	2	1/2	1/3	1	3	840	2.113	0.161
B₉	2	4	3	5	1/2	1/4	1/5	1/3	1	1	1	0.076

确定自然风险要素的相对重要度，计算结果如表 5.19 所示。

表 5.19 W_{ci}^1 计算

B_1	C_1	C_2	C_3	W_i^1	W^1	W_{Ci}^1
C_1	1	1/2	1/5	1/10	0.464	0.128
C_2	2	1	1/2	1	1	0.276
C_3	5	2	1	10	2.154	0.595

确定政治风险要素的相对重要度，计算结果如表 5.20 所示。

表 5.20 W_{ci}^2 计算

B_2	C_4	C_5	C_6	C_7	W_i^2	W^2	W_{Ci}^2
C_4	1	4	3	2	24	2.213	0.422
C_5	1/4	1	1/7	2	1/14	0.517	0.099
C_6	1/3	7	1	5	35/3	1.848	0.352
C_7	1/2	2	1/5	1	0.2	0.669	0.128

确定经济风险要素的相对重要度，计算结果如表 5.21 所示。

表 5.21 W_{ci}^3 计算

B_3	C_8	C_9	C_{10}	C_{11}	W_i^3	W^3	W_{Ci}^3
C_8	1	3	5	3	45	2.590	0.510
C_9	1/3	1	2	1/2	1/3	0.760	0.150
C_{10}	1/5	1/2	1	1/5	1/50	0.376	0.074
C_{11}	1/3	2	5	1	10/3	1.351	0.266

确定社会风险要素的相对重要度，计算结果如表 5.22 所示。

表 5.22 W_{ci}^4 计算

B_4	C_{12}	C_{13}	C_{14}	C_{15}	W_i^4	W^4	W_{Ci}^4
C_{12}	1	1/2	2	4	4	1.414	0.316
C_{13}	2	1	1/3	5	10/3	1.351	0.302
C_{14}	1/2	3	1	2	3	1.316	0.294
C_{15}	1/4	1/5	1/2	1	1/40	0.398	0.089

确定技术风险要素的相对重要度，计算结果如表5.23所示。

表5.23　W_{ci}^5计算

B_5	C_{16}	C_{17}	C_{18}	C_{19}	C_{20}	W_i^5	W^5	W_{Ci}^5
C_{16}	1	2	5	3	7	210	2.914	0.446
C_{17}	1/2	1	3	2	5	15	1.719	0.263
C_{18}	1/5	1/3	1	2	2	4/15	0.768	0.118
C_{19}	1/3	1/2	1/2	1	4	1/3	0.803	0.123
C_{20}	1/7	1/5	1/2	1/4	1	1/280	0.324	0.050

确定管理风险要素的相对重要度，计算结果如表5.24所示。

表5.24　W_{ci}^6计算

B_6	C_{21}	C_{22}	W_i^6	W^6	W_{Ci}^6
C_{21}	1	2	2	1.414	0.667
C_{22}	1/2	1	1/2	0.707	0.333

确定组织风险要素的相对重要度，计算结果如表5.25所示。

表5.25　W_{ci}^7计算

B_7	C_{23}	C_{24}	C_{25}	W_i^7	W^7	W_{Ci}^7
C_{23}	1	1/2	2	1	1	0.286
C_{24}	2	1	4	8	2	0.571
C_{25}	1/2	1/4	1	1/8	0.5	0.142

确定合作方情况风险要素的相对重要度，计算结果如表5.26所示。

表5.26　W_{ci}^8计算

B_8	C_{26}	C_{27}	C_{28}	C_{29}	W_i^8	W^8	W_{Ci}^8
C_{26}	1	5	2	3	30	2.340	0.483
C_{27}	1/5	1	1/3	1/2	1/30	0.427	0.088
C_{28}	1/2	3	1	2	3	1.316	0.272
C_{29}	1/3	2	1/2	1	1/3	0.760	0.157

确定冷轧薄板项目典型风险要素的相对重要度，计算结果如表 5.27 所示。

表 5.27 W_{ci}^9 计算

B_9	C_{30}	C_{31}	C_{32}	C_{33}	W_i^9	W^9	W_{Ci}^9
C_{30}	1	1/2	1/4	1/5	1/40	0.398	0.086
C_{31}	2	1	2	3	12	1.861	0.404
C_{32}	4	1/2	1	1/2	1	1	0.217
C_{33}	5	1/3	2	1	10/3	1.351	0.293

根据第二层 B 和第三层 C 的排序结果，构建第三层 C 中各因素对于第一层 A 的判断矩阵如表 5.28 所示。

表 5.28   第三层 C 中各因素对第一层 A 的判断矩阵

层次 C	B_1 W_{B1} =0.052	B_2 W_{B2} =0.032	B_3 W_{B3} =0.036	B_4 W_{B4} =0.018	B_5 W_{B5} =0.111	B_6 W_{B6} =0.197	B_7 W_{B7} =0.316	B_8 W_{B8} =0.161	B_9 W_{B9} =0.076	
C_1	0.128									0.007
C_2	0.276									0.014
C_3	0.595									0.031
C_4		0.422								0.014
C_5		0.099								0.003
C_6		0.352								0.011
C_7		0.128								0.004
C_8			0.510							0.018
C_9			0.150							0.005
C_{10}			0.074							0.003
C_{11}			0.266							0.010
C_{12}				0.316						0.006
C_{13}				0.302						0.005
C_{14}				0.294						0.005
C_{15}				0.089						0.002
C_{16}					0.446					0.050

续表

层次C	B₁ W_{B1} =0.052	B₂ W_{B2} =0.032	B₃ W_{B3} =0.036	B₄ W_{B4} =0.018	B₅ W_{B5} =0.111	B₆ W_{B6} =0.197	B₇ W_{B7} =0.316	B₈ W_{B8} =0.161	B₉ W_{B9} =0.076	
C_{17}					0.263					0.029
C_{18}					0.118					0.013
C_{19}					0.123					0.014
C_{20}					0.050					0.006
C_{21}						0.667				0.132
C_{22}						0.333				0.066
C_{23}							0.286			0.090
C_{24}							0.571			0.180
C_{25}							0.142			0.045
C_{26}								0.483		0.078
C_{27}								0.088		0.014
C_{28}								0.272		0.044
C_{29}								0.157		0.025
C_{30}									0.086	0.007
C_{31}									0.404	0.031
C_{32}									0.217	0.016
C_{33}									0.293	0.022

以 B₁ – C 为例，对其判断矩阵进行一致性判断

根据上述公式（5.15）计算 $\lambda_{\max}$

$$\lambda_{\max} = \frac{1}{3} \sum \frac{\begin{bmatrix} 1 & \frac{1}{2} & \frac{1}{5} \\ 2 & 1 & \frac{1}{2} \\ 5 & 2 & 1 \end{bmatrix} \begin{bmatrix} 0.128 \\ 0.276 \\ 0.595 \end{bmatrix}}{\begin{bmatrix} 0.128 \\ 0.276 \\ 0.595 \end{bmatrix}} = \frac{1}{3} \sum \frac{\begin{bmatrix} 0.385 \\ 0.830 \\ 1.787 \end{bmatrix}}{\begin{bmatrix} 0.128 \\ 0.276 \\ 0.595 \end{bmatrix}} = \frac{1}{3} \sum \begin{bmatrix} 3.01 \\ 3.01 \\ 3.00 \end{bmatrix} = 3.01$$

根据公式 (5.14) 计算 $C.I.$

$$C.I = \frac{\lambda_{max} - n}{n - 1} = \frac{3.01 - 3}{3 - 1} = 0.005$$

根据公式 (5.16) 计算 $C.R.$

$$C.R. = \frac{C.I.}{R.I.} = \frac{0.005}{0.58} = 0.009 < 0.1,\ 满足要求。$$

应用同样的方法，可以得到判断矩阵 $B_2 - C$、$B_3 - C$、$B_4 - CB_5 - C$、$B_6 - C$、$B_7 - C$、$B_8 - C$、$B_9 - C$ 符合一致性要求，层次分析排序有效（计算过程省略）。

我们可以看出，外部关系是当前该冷轧薄板项目所面临的最大成本风险因素，而排在第二、第三、第四、第五位的分别是 C_{26}（业主信誉）、C_{16}（设计风险）、C_{25}（内部关系）和 C_{28}（合作方信誉），其权重分别为 0.078、0.05、0.045 和 0.044，这符合该项目的实际情况。我们还注意到 C_{15}（社会文化）、C_7（对外关系）、C_{10}（汇率波动）等对工程成本风险影响非常小。

5.4.2 成本风险预警模型分析

运用专家调查法对项目第二层各风险因素进行单因素评价。本实例的调查对象为该项目的项目经理、外聘专家、项目部部门负责人以及项目管理人员，通过对 54 份调查问卷的整理，得到表 5.29 所示的统计结果。

表 5.29 风险程度统计

C 取值	风险非常高	风险较高	风险一般	风险较低	风险非常低
C_1	3	14	16	13	8
C_2	1	9	17	19	8
C_3	8	24	15	7	0
C_4	0	6	14	13	21
C_5	0	7	16	18	13
C_6	5	13	24	12	0

C 取值	风险非常高	风险较高	风险一般	风险较低	风险非常低
C_7	2	8	14	19	11
C_8	13	16	10	8	7
C_9	1	6	17	20	10
C_{10}	2	8	20	13	11
C_{11}	4	11	18	12	9
C_{12}	0	2	9	17	26
C_{13}	4	9	11	18	12
C_{14}	0	0	19	22	13
C_{15}	0	0	16	18	20
C_{16}	8	13	14	19	0
C_{17}	5	14	16	13	6
C_{18}	1	8	17	12	16
C_{19}	4	12	15	17	6
C_{20}	0	6	18	20	11
C_{21}	8	12	15	10	9
C_{22}	6	10	13	16	10
C_{23}	5	8	11	15	15
C_{24}	6	9	12	17	10
C_{25}	3	5	13	18	15
C_{26}	9	12	13	15	5
C_{27}	3	10	13	14	14
C_{28}	3	6	19	18	8
C_{29}	2	5	13	17	17
C_{30}	7	8	10	13	16
C_{31}	3	6	9	11	25
C_{32}	8	12	18	16	0
C_{33}	7	9	13	17	8

构造模糊评价矩阵如下：

$R_1 = (0.056, 0.259, 0.296, 0.241, 0.148)$　　$R_2 = (0.019, 0.167, 0.315, 0.352, 0.148)$

$R_3 = (0.148, 0.444, 0.278, 0.130, 0)$　　$R_4 = (0, 0.111, 0.259, 0.241, 0.389)$

$R_5 = (0, 0.130, 0.296, 0.333, 0.241)$　　$R_6 = (0.093, 0.241, 0.444, 0.222, 0)$

$R_7 = (0.037, 0.148, 0.259, 0.352, 0.204)$　　$R_8 = (0.241, 0.296, 0.185, 0.148, 0.130)$

$R_9 = (0.019, 0.111, 0.315, 0.370, 0.185)$　　$R_{10} = (0.037, 0.148, 0.370, 0.241, 0.204)$

$R_{11} = (0.074, 0.204, 0.333, 0.222, 0.167)$　　$R_{12} = (0, 0.037, 0.167, 0.315, 0.481)$

$R_{13} = (0.074, 0.167, 0.204, 0.333, 0.222)$　　$R_{14} = (0, 0, 0.352, 0.407, 0.241)$

$R_{15} = (0, 0, 0.296, 0.333, 0.370)$　　$R_{16} = (0.148, 0.241, 0.259, 0.352, 0)$

$R_{17} = (0.093, 0.259, 0.296, 0.241, 0.111)$　　$R_{18} = (0.019, 0.148, 0.315, 0.222, 0.296)$

$R_{19} = (0.074, 0.278, 0.278, 0.315, 0.111)$　　$R_{20} = (0, 0.111, 0.333, 0.370, 0.204)$

$R_{21} = (0.148, 0.222, 0.278, 0.185, 0.167)$　　$R_{22} = (0.111, 0.185, 0.241, 0.296, 0.185)$

$R_{23} = (0.093, 0.148, 0.204, 0.278, 0.278)$　　$R_{24} = (0.111, 0.167, 0.222, 0.315, 0.185)$

$R_{25} = (0.056, 0.093, 0.241, 0.333, 0.278)$　　$R_{26} = (0.167, 0.222, 0.241, 0.278, 0.093)$

$R_{27} = (0.056, 0.185, 0.241, 0.259, 0.259)$　　$R_{28} = (0.056, 0.111, 0.352, 0.333, 0.148)$

$R_{29} = (0.037, 0.093, 0.241, 0.315, 0.315)$　　$R_{30} = (0.130, 0.148, 0.185, 0.241, 0.296)$

$R_{31} = (0.056, 0.111, 0.167, 0.204, 0.463)$　　$R_{32} = (0.148, 0.222, 0.333, 0.296, 0)$

$R_{33} = (0.130, 0.167, 0.241, 0.315, 0.148)$

其中，R_1 作为矩阵第一行的行向量，R_2 作为矩阵第二行的行向量，依次类推，R_{33} 作为矩阵第三十三行的行向量，由此得到模糊评价矩阵为：

$$\begin{bmatrix} 0.056 & 0.259 & 0.296 & 0.241 & 0.148 \\ 0.019 & 0.167 & 0.315 & 0.352 & 0.148 \\ \cdots & \cdots & \cdots & \cdots & \cdots \\ 0.148 & 0.222 & 0.333 & 0.296 & 0 \\ 0.130 & 0.167 & 0.241 & 0.315 & 0.148 \end{bmatrix}$$

1. 分层做综合评价

由表 5.28 可以得到

权重

$$A_1 = (0.128,\ 0.276,\ 0.595)$$
$$A_2 = (0.422,\ 0.099,\ 0.352,\ 0.128)$$
$$A_3 = (0.510,\ 0.150,\ 0.074,\ 0.266)$$
$$A_4 = (0.316,\ 0.302,\ 0.294,\ 0.089)$$
$$A_5 = (0.446,\ 0.263,\ 0.118,\ 0.123,\ 0.050)$$
$$A_6 = (0.667,\ 0.333)$$
$$A_7 = (0.286,\ 0.571,\ 0.142)$$
$$A_8 = (0.483,\ 0.088,\ 0.272,\ 0.157)$$
$$A_9 = (0.086,\ 0.404,\ 0.217,\ 0.293)$$

通过对模型 $M(+,\circ)$ 计算可得

$$B_1 = A_1 \circ \begin{bmatrix} R_1 \\ R_2 \\ R_3 \end{bmatrix} = \begin{bmatrix} 0.128 & 0.276 & 0.595 \end{bmatrix}$$

$$\circ \begin{bmatrix} 0.056 & 0.259 & 0.296 & 0.241 & 0.148 \\ 0.019 & 0.167 & 0.315 & 0.352 & 0.148 \\ 0.148 & 0.444 & 0.278 & 0.130 & 0 \end{bmatrix}$$

$$= \begin{bmatrix} 0.100 & 0.343 & 0.290 & 0.205 & 0.060 \end{bmatrix}$$

同理,

$$B_2 = A_2 \circ \begin{bmatrix} R_4 \\ R_5 \\ R_6 \\ R_7 \end{bmatrix} = \begin{bmatrix} 0.422 & 0.099 & 0.352 & 0.128 \end{bmatrix}$$

$$\circ \begin{bmatrix} 0 & 0.111 & 0.259 & 0.241 & 0.389 \\ 0 & 0.130 & 0.296 & 0.333 & 0.241 \\ 0.093 & 0.241 & 0.444 & 0.222 & 0 \\ 0.037 & 0.148 & 0.259 & 0.352 & 0.204 \end{bmatrix}$$

$$= \begin{bmatrix} 0.037 & 0.163 & 0.328 & 0.258 & 0.214 \end{bmatrix}$$

$$B_3 = A_3 \circ \begin{bmatrix} R_8 \\ R_9 \\ R_{10} \\ R_{11} \end{bmatrix} = [0.510 \quad 0.150 \quad 0.074 \quad 0.266]$$

$$\circ \begin{bmatrix} 0.241 & 0.296 & 0.185 & 0.148 & 0.130 \\ 0.019 & 0.111 & 0.315 & 0.370 & 0.185 \\ 0.037 & 0.148 & 0.370 & 0.241 & 0.204 \\ 0.074 & 0.204 & 0.333 & 0.222 & 0.167 \end{bmatrix}$$

$$= [0.148 \quad 0.233 \quad 0.258 \quad 0.208 \quad 0.154]$$

$$B_4 = A_4 \circ \begin{bmatrix} R_{12} \\ R_{13} \\ R_{14} \\ R_{15} \end{bmatrix} = [0.316 \quad 0.302 \quad 0.294 \quad 0.089]$$

$$\circ \begin{bmatrix} 0 & 0.037 & 0.167 & 0.315 & 0.481 \\ 0.074 & 0.167 & 0.204 & 0.333 & 0.222 \\ 0 & 0 & 0.352 & 0.407 & 0.241 \\ 0 & 0 & 0.296 & 0.333 & 0.370 \end{bmatrix}$$

$$= [0.022 \quad 0.062 \quad 0.244 \quad 0.349 \quad 0.323]$$

$$B_5 = A_5 \circ \begin{bmatrix} R_{16} \\ R_{17} \\ R_{18} \\ R_{19} \\ R_{20} \end{bmatrix} = [0.446 \quad 0.063 \quad 0.118 \quad 0.123 \quad 0.050]$$

$$\circ \begin{bmatrix} 0.148 & 0.241 & 0.259 & 0.352 & 0 \\ 0.093 & 0.259 & 0.296 & 0.241 & 0.111 \\ 0.019 & 0.148 & 0.315 & 0.222 & 0.296 \\ 0.074 & 0.278 & 0.278 & 0.315 & 0.111 \\ 0 & 0.111 & 0.333 & 0.370 & 0.204 \end{bmatrix}$$

$$= [0.102 \quad 0.233 \quad 0.281 \quad 0.303 \quad 0.088]$$

$$B_6 = A_6 \circ \begin{bmatrix} R_{21} \\ R_{22} \end{bmatrix} = \begin{bmatrix} 0.667 & 0.333 \end{bmatrix}$$

$$\circ \begin{bmatrix} 0.148 & 0.222 & 0.278 & 0.185 & 0.167 \\ 0.111 & 0.185 & 0.241 & 0.296 & 0.185 \end{bmatrix}$$

$$= \begin{bmatrix} 0.136 & 0.210 & 0.266 & 0.148 & 0.173 \end{bmatrix}$$

$$B_7 = A_7 \circ \begin{bmatrix} R_{23} \\ R_{24} \\ R_{25} \end{bmatrix} = \begin{bmatrix} 0.286 & 0.571 & 0.142 \end{bmatrix}$$

$$\circ \begin{bmatrix} 0.093 & 0.148 & 0.204 & 0.278 & 0.278 \\ 0.111 & 0.167 & 0.222 & 0.315 & 0.185 \\ 0.056 & 0.096 & 0.241 & 0.333 & 0.278 \end{bmatrix}$$

$$= \begin{bmatrix} 0.098 & 0.151 & 0.219 & 0.307 & 0.225 \end{bmatrix}$$

$$B_8 = A_8 \circ \begin{bmatrix} R_{26} \\ R_{27} \\ R_{28} \\ R_{29} \end{bmatrix} = \begin{bmatrix} 0.483 & 0.088 & 0.272 & 0.157 \end{bmatrix}$$

$$\circ \begin{bmatrix} 0.167 & 0.222 & 0.241 & 0.278 & 0.093 \\ 0.056 & 0.185 & 0.241 & 0.259 & 0.259 \\ 0.056 & 0.111 & 0.352 & 0.333 & 0.148 \\ 0.037 & 0.093 & 0.241 & 0.315 & 0.315 \end{bmatrix}$$

$$= \begin{bmatrix} 0.107 & 0.168 & 0.271 & 0.297 & 0.157 \end{bmatrix}$$

$$B_9 = A_9 \circ \begin{bmatrix} R_{30} \\ R_{31} \\ R_{32} \\ R_{33} \end{bmatrix} = \begin{bmatrix} 0.086 & 0.404 & 0.217 & 0.293 \end{bmatrix}$$

$$\circ \begin{bmatrix} 0.130 & 0.148 & 0.185 & 0.241 & 0.296 \\ 0.056 & 0.111 & 0.167 & 0.204 & 0.463 \\ 0.148 & 0.222 & 0.333 & 0.296 & 0 \\ 0.130 & 0.167 & 0.241 & 0.315 & 0.148 \end{bmatrix}$$

$$= \begin{bmatrix} 0.104 & 0.155 & 0.226 & 0.260 & 0.256 \end{bmatrix}$$

2. 高层次综合评价

$U = \begin{bmatrix} B_1 & B_2 & B_3 & B_4 & B_5 & B_6 & B_7 & B_8 & B_9 \end{bmatrix}$，权重 $A = [0.052 \quad 0.032$ $0.036 \quad 0.018 \quad 0.111 \quad 0.197 \quad 0.316 \quad 0.161 \quad 0.076]$，对 R 进行模糊矩阵运算，即得到目标层 U 对于评价集 V 的隶属度向量 B：

$$B = A \circ R = A \circ \begin{bmatrix} B_1 \\ B_2 \\ B_3 \\ B_4 \\ B_5 \\ B_6 \\ B_7 \\ B_8 \\ B_9 \end{bmatrix}$$

$= \begin{bmatrix} 0.052 & 0.032 & 0.036 & 0.018 & 0.111 & 0.197 & 0.316 & 0.161 & 0.076 \end{bmatrix}$

$$\circ \begin{bmatrix} 0.100 & 0.343 & 0.290 & 0.205 & 0.060 \\ 0.037 & 0.163 & 0.328 & 0.258 & 0.214 \\ 0.148 & 0.233 & 0.258 & 0.208 & 0.154 \\ 0.022 & 0.062 & 0.244 & 0.349 & 0.323 \\ 0.102 & 0.233 & 0.281 & 0.303 & 0.088 \\ 0.136 & 0.210 & 0.216 & 0.148 & 0.173 \\ 0.098 & 0.151 & 0.219 & 0.307 & 0.225 \\ 0.107 & 0.168 & 0.271 & 0.297 & 0.157 \\ 0.104 & 0.155 & 0.226 & 0.260 & 0.256 \end{bmatrix}$$

$= \begin{bmatrix} 0.106 & 0.186 & 0.243 & 0.260 & 0.181 \end{bmatrix}$

归一化处理可得

$$B^* = (0.109, 0.191, 0.249, 0.266, 0.185)$$

根据最大隶属度原则，$B^* = (0.109, 0.191, 0.249, 0.266, 0.185)$ 中，最大值为 0.266，说明该项目的成本风险较高。

6 冶金工业项目成本优化与控制技术研究

6.1 基于 F 线性规划的施工成本优化技术研究

6.1.1 施工成本目标函数 F 化

正如美国著名心理学家和管理学家西蒙所说，最优点在许多情形中是不现实的也是没有必要的，所以，只需要追求满意的结果即可。采用 F 方法可以根据需要，以满意准则代替最优准则。

设目标函数 $f(x)$ 的最优点集（满意点集）为

$$\overline{R} = \{x \mid x \in U, m \leq f(x) \leq M\}$$

其中，$m \geq \min\limits_{x \in U} f(x)$，$M = \max\limits_{x \in U} f(x)$

定义 1：设 D 是在 $[m, M]$ 上单调增的函数，并且 $D(m) > 0$，$D(M) = 1$，则称 D 为 $f(x)$ 的一个 F 最优解。

定义 2：设 $H: U \to [0,1]$，如果有一个 $f(x)$ 的 F 最优集 D，使

$$H(x) = \begin{cases} D(f(x)) & x \in \overline{R} \\ 0 & \text{其他} \end{cases}$$

则称 H 为 $f(x)$ 的一个 F 最优集。

所以，可以得出以下 4 个定理。

定理 1：设 H 为 $f(x)$ 的 F 最优点集，$\overline{R}$ 是 $f(x)$ 的普通最优点集，则存在 $\lambda \in (0,1]$，有 $x \in \overline{R} \Leftrightarrow x \in H_\lambda$，其中，$H_\lambda$ 是 H 的 λ 截集。

可以看出，非 F 函数 $f(x)$ 转化为 F 函数 $H(x)$ 后，最优点不变。因此，可以将 $f(x)$ 的两个最优点集统一为存在 $\lambda \in (0,1]$，有 $M(\lambda) = \{x | x \in H_\lambda$ 且 $x \in \bar{R}\}$，并且有最优解的存在定理。

定理 2：设 $\bar{x}$ 是目标函数 $f(x)$ 的最优点，则 $\bar{x}$ 也是 $H(x)$ 的最优点，且 $H(\bar{x}) = \max\limits_{\bar{x} \in M(\lambda)} \lambda \quad \lambda \in (0,1]$。

在 $F(U)$ 中引入一般的切比雪夫函数。

$$\|\cdot\| : F(U) \rightarrow [0,1]$$

$$\|A\| = \sup\limits_{x \in U} A(x)$$

定义 3：对 $F(U)$ 中的任意两个元 A 和 B，若 $\|A - B\| = \max\limits_{x \in U} |A(x) - B(x)|$，则称 $\|A - B\|$ 为 A 和 B 之间的 F 距离。

这时，还需要注意条件极限的概念。

定义 4：设 $f : U \rightarrow R, A \in F(U)$，令 $A_f = M_f \cap A$，则称 $f(A_f)$ 为 f 在 A 上的（条件）F 最优值。其中，

$$M_f(x) = \frac{f(x) - \min f(x)}{\max f(x) - \min f(x)}$$

$$A_f(x) = M_f(x) \wedge A(x)$$

$$f(A_f)(y) = \bigvee\limits_{f(x) = y} A_f(x) = \bigvee\limits_{f(x) = y} (M_f(x) \wedge A(x))$$

定理 3：设 H 和 $\bar{R}$ 分别是目标函数 $f(x)$ 的模糊和普通最优点集，则对于任意给定的 $\varepsilon > 0$，总可选一数 m，使 $\|\bar{R} - H\| < \varepsilon$。

定理 4：若 $\bar{R}$ 与 H 的 F 距离越小，则 $f(H_f)$ 与 $f(R_f)$ 的 F 距离也越小，即当 $\|H - \bar{R}\| < \varepsilon$ 时，$\|f(H_f) - f(\bar{R}_f)\| < \varepsilon$。

这个定理说明目标函数 $f(x)$ 在 F 最优点集 H 和在普通最优点集 $\bar{R}$ 上的最优值的一致性，也就是说，在考虑规划问题时，只要选取适当的数 m，就可以得到满意解。

F 化后的规划问题，有以下性质。

命题 1：如果目标函数 $f(x)$ 是 $\bar{R}$ 上的凸函数，则 F 函数 $H(x)$ 也是 $\bar{R}$ 上的凸函数。

命题 2：设 $G = \{x \mid \bigvee_{i=1}^{m} (a_i \wedge A_i(x)) \leqslant b\}$ 为可行解集，其中，$A_i(x)$ 为 F 约束函数，a_i 为实数。若 $\forall x_1, x_2 \in G, a \in [0,1]$，有 $A_i(ax_1 + (1 - a)x_2) \leqslant A_i(x_1) \vee A_i(x_2)$，则 G 是凸集。

所以，对于 F 规划问题，即在运算 "$\wedge$，$\vee$" 的条件下，可行解集也是凸集。

对于多目标规划的情形，目标函数是一向量函数 $f(x) = (f_1(x), f_2(x), \cdots, f_n(x))$，对每一目标分量可以确定相应的 F 目标函数 $H_i(x) = D(f_i(x))$，令 $H(x) = H_1(x) \wedge H_2(x) \wedge \cdots \wedge H_n(x)$，按最大隶属度原则，求 x^* 使满足 $H(x^*) = \max_{x \in U} H(x)$，这样的 x^* 便叫多目标规划的解。

6.1.2　基于 F 线性规划的施工成本优化模型

在实际问题中，有的约束条件可能带有弹性，必须借助模糊集的方法来处理，这便是 F 线性规划。它的模型为

$$
\begin{cases}
\widetilde{\max}s = Cx \\
s.t.\ Ax \underset{\sim}{\leqslant} b \\
x \geqslant 0
\end{cases}
\tag{6.1}
$$

其中，$\underset{\sim}{\leqslant}$ 表示某种弹性约束，意指 "近似小于等于"。$Ax \underset{\sim}{\leqslant} b$ 是由 m 个 F 集表达的，记为 $D_i(i = 1,2,\cdots,m)$。那么 D_i 是 $\sum_{i=1}^{n} a_{ij}x_j$ 的函数，即

$$
D_i(x) = f_i\left(\sum_{j=1}^{n} a_{ij}x_j\right) = \begin{cases}
1 & \sum_{j=1}^{n} a_{ij}x_j \leqslant b_i \\
1 - \dfrac{1}{d_i}\left(\sum_{j=1}^{n} a_{ij}x_j - b_j\right) & b_i < \sum_{j=1}^{n} a_{ij}x_j \leqslant b_i + d_i \\
0 & \sum_{j=1}^{n} a_{ij}x_j > b_i + d_i
\end{cases}
$$

$$
(i = 1,2,\cdots,m)
\tag{6.2}
$$

记 $t_i = \sum_{j=1}^{n} a_{ij}x_j$，则 $f_i(t_i)$ 如图 6.1 所示。其中，$d_i(\geqslant 0)$ 是适当选择的弹

性参数。令 $D = D_1 \cap D_2 \cap \cdots \cap D_m$，那么可用 D 来代表约束条件 $Ax \lesssim b$。

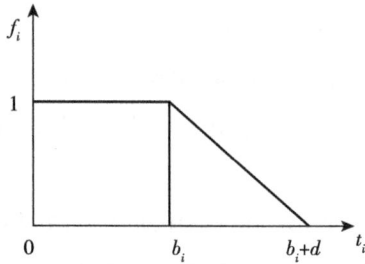

图 6.1 $f_i(t_i)$ 关系

当 $d_i = 0 (i = 1, 2, \cdots, m)$ 时，D 就退化为普通约束，这是 $\lesssim$ 成为 $\leqslant$。

为了求得目标函数在 F 约束下的最优解，需要先将目标函数转化为约束条件，即将 $Cx \geqslant s_0$ 转化为 $Cx \gtrsim s_0$。其中，s_0 为普通线性规划的最优解。所以，有 F 目标集（记为 F），其隶属度函数定义为

$$F(x) = g\left(\sum_{i=1}^{n} c_i x_i \right)$$

$$= \begin{cases} 0 & \sum\limits_{i=1}^{n} c_i x_i \leqslant s_0 \\ \dfrac{1}{d_0} \left(\sum\limits_{i=1}^{n} c_i x_i - s_0 \right) & s_0 < \sum\limits_{i=1}^{n} c_i x_i \leqslant s_0 + d_0 \\ 1 & \sum\limits_{i=1}^{n} c_i x_i > s_0 + d_0 \end{cases}$$

其中，$s_0 + d_0$ 是将约束条件的限 b_i 转换为 $b_i + d_i$ 后的最优值。s_0 表示决策者的满意界限，d_0 表示满意程度的摆动范围。当 Cx 达不到 s_0 时，认为是不满意的；当 Cx 介于 s_0 和 $s_0 + d_0$ 之间时，满意程度随 Cx 的增长而线性的增长；当 $Cx > s_0 + d_0$ 时，认为是完全满意的，所以有 $t_0 = \sum\limits_{i=1}^{n} c_i x_i$。

为了兼顾 F 约束 D 和 F 目标集 F，可采用 $B = D \cap F$ 进行 F 判决，再用最大隶属度原则求 x^*，使得

166

$$B(x^*) = \max_{x \in X}(D(x) \wedge F(x))$$
$$= \max\{\lambda \,|\, D(x) \geqslant \lambda, F(x) \geqslant \lambda, \lambda \geqslant 0\}$$
$$= \max\{\lambda \,|\, D_1(x) \geqslant \lambda, \cdots, D_m(x) \geqslant \lambda, F(x) \geqslant \lambda, \lambda \geqslant 0\}$$

这时,求满足 $D_i(x) \geqslant \lambda (i = 1,2,\cdots,m)$ 和 $F(x) \geqslant \lambda$ 的 λ 最大值,于是产生了一个新的线性规划问题。

$$
\begin{cases}
\max\lambda \\
1 - \dfrac{1}{d_j}(\sum\limits_{i=1}^{n} a_{ij}x_j - b_i) \geqslant \lambda \quad j = 1,2,\cdots,m \\
\dfrac{1}{d_0}(\sum\limits_{i=1}^{n} c_i x_i - s_0) \geqslant \lambda \\
\lambda \geqslant 0, \quad x_1, x_2, \cdots, x_n \geqslant 0
\end{cases}
\tag{6.3}
$$

此方程组可用单纯形法求解。加入得到最优解 $(x_1^*, x_2^*, \cdots, x_n^*)$,记为 $x^* = (x_1^*, x_2^*, \cdots, x_n^*)^T$,于是,有 $D(x^*) = \max D(x) = \lambda^*$,这时 x^* 为所求的 F 条件极大点,即满足 F 约束的 F 最优解。

6.1.3 施工成本优化案例

甲乙两机械每月最多约能运行分别为 400 个和 250 个工时。甲机械每工时耗费(维修、折旧等)3 元,但获净利润 7 元;乙机械每工时耗费 2 元,但获净利润 3 元。甲乙两台机械每月耗费总和不超过 1500 元,问如何安排两机械运行可获得最大利润?

该问题为 F 线性规划问题,设 x_1 为甲机械运行工时数,x_1 为乙机械运行工时数。

$$
\begin{cases}
\tilde{\max}s = 7x_1 + 3x_2 \\
3x_1 + 2x_2 \tilde{\leqslant} 1500(元) & (1) \\
x_1 \tilde{\leqslant} 400(工时) & (2) \\
x_2 \tilde{\leqslant} 250(工时) & (3) \\
x_1 \geqslant 0, x_2 \geqslant 0
\end{cases}
$$

对应约束方程（1）、方程（2）、方程（3）的弹性指标分别取 50（元）、5（工时）、5（工时）。

（1）解普通线性规划方程

$$\begin{cases} \max s = 7x_1 + 3x_2 \\ 3x_1 + 2x_2 \leqslant 1500 \\ x_1 \leqslant 400 \\ x_2 \leqslant 250 \\ x_1 \geqslant 0, x_2 \geqslant 0 \end{cases}$$

化为

$$\begin{cases} \max s = 7x_1 + 3x_2 \\ 3x_1 + 2x_2 + x_3 = 1500 \\ x_1 + x_4 = 400 \\ x_2 + x_5 = 250 \\ x_i \geqslant 0 \quad i = 1,2,3,4,5 \end{cases}$$

用单纯形法

$$
\begin{array}{ccccc}
x_1 & x_2 & x_3 & x_4 & x_5
\end{array}
$$

$$
\begin{bmatrix}
7 & 3 & 0 & 0 & 0 & 0 \\
3 & 2 & 1 & 0 & 0 & 1500 \\
1 & 0 & 0 & 1 & 0 & 400 \\
0 & 1 & 0 & 0 & 1 & 250
\end{bmatrix}
\Rightarrow
$$

$$
\begin{array}{ccccc}
x_1 & x_2 & x_3 & x_4 & x_5
\end{array}
$$

$$
\begin{bmatrix}
0 & 3 & 0 & -7 & 0 & -2800 \\
0 & 2 & 1 & -3 & 0 & 300 \\
1 & 0 & 0 & 1 & 0 & 400 \\
0 & 1 & 0 & 0 & 1 & 250
\end{bmatrix}
\Rightarrow
$$

$$
\begin{array}{ccccc}
x_1 & x_2 & x_3 & x_4 & x_5
\end{array}
$$

$$
\begin{bmatrix}
0 & 0 & -1.5 & -2.5 & 0 & -3250 \\
0 & 1 & 0.5 & -1.5 & 0 & 150 \\
1 & 0 & 0 & 1 & 0 & 400 \\
0 & 0 & 0 & 0 & 1 & 100
\end{bmatrix}
$$

于是

$s_0 = 3250$，$x_1 = 400$，$x_2 = 150$ 为最优解。

（2）为了求 d_0 ，现在解普通线性规划问题

$$\begin{cases} \max s = 7x_1 + 3x_2 \\ 3x_1 + 2x_2 \leqslant 1500 + 50 \\ x_1 \leqslant 400 + 5 \\ x_2 \leqslant 250 + 5 \\ x_1 \geqslant 0, x_2 \geqslant 0 \end{cases}$$

化为

$$\begin{cases} \max s = 7x_1 + 3x_2 \\ 3x_1 + 2x_2 \leqslant 1550 \\ x_1 \leqslant 405 \\ x_2 \leqslant 255 \\ x_i \geqslant 0 \quad i = 1,2,3,4,5 \end{cases}$$

用单纯形法

$$\begin{array}{ccccc} x_1 & x_2 & x_3 & x_4 & x_5 \end{array}$$
$$\begin{bmatrix} 7 & 3 & 0 & 0 & 0 & 0 \\ 3 & 2 & 1 & 0 & 0 & 1550 \\ 1 & 0 & 0 & 1 & 0 & 405 \\ 0 & 1 & 0 & 0 & 1 & 255 \end{bmatrix} \Rightarrow$$

$$\begin{array}{ccccc} x_1 & x_2 & x_3 & x_4 & x_5 \end{array}$$
$$\begin{bmatrix} 0 & 3 & 0 & -7 & 0 & -2835 \\ 0 & 2 & 1 & -3 & 0 & 335 \\ 1 & 0 & 0 & 1 & 0 & 405 \\ 0 & 1 & 0 & 0 & 1 & 255 \end{bmatrix} \Rightarrow$$

$$\begin{array}{ccccc} x_1 & x_2 & x_3 & x_4 & x_5 \end{array}$$
$$\begin{bmatrix} 0 & 0 & -1.5 & -2.5 & 0 & -3337.5 \\ 0 & 1 & 0.5 & -1.5 & 0 & 167.5 \\ 1 & 0 & 0 & 1 & 0 & 405 \\ 0 & 0 & -0.5 & 1.5 & 1 & 87.5 \end{bmatrix}$$

于是得出

$s_0 + d_0 = 3337.5$ ，故 $d_0 = 3337.5 - 3250 = 87.5$。

$x_1 = 405$ ， $x_2 = 167.5$。

（3）根据式（6.1），有普通线性规划问题

$$\begin{cases} \max s = \lambda \\[2mm] 1 - \dfrac{1}{50}(3x_1 + 2x_2 - 1550) \geqslant \lambda \\[2mm] 1 - \dfrac{1}{5}(x_1 - 400) \geqslant \lambda \\[2mm] 1 - \dfrac{1}{5}(x_2 - 250) \geqslant \lambda \\[2mm] \dfrac{1}{87.5}(7x_1 + 3x_2 - 3250) \geqslant \lambda \\[2mm] \lambda \leqslant 1 \\[2mm] x_1 \geqslant 0,\ x_2 \geqslant 0,\ \lambda \geqslant 0 \end{cases}$$

即

$$\begin{cases} \max s = \lambda \\[2mm] 3x_1 + 2x_2 + 50\lambda \leqslant 1550 \\[2mm] x_1 + 5\lambda \leqslant 405 \\[2mm] x_2 + 5\lambda \leqslant 255 \\[2mm] -7x_1 - 3x_2 + 87.5\lambda \leqslant -3250 \\[2mm] \lambda \leqslant 1 \\[2mm] x_1 \geqslant 0,\ x_2 \geqslant 0,\ \lambda \geqslant 0 \end{cases}$$

化为

$$\begin{cases} \max s = \lambda \\[2mm] 3x_1 + 2x_2 + 50\lambda + x_3 = 1550 \\[2mm] x_1 + 5\lambda + x_4 = 405 \\[2mm] x_2 + 5\lambda + x_5 = 255 \\[2mm] -7x_1 - 3x_2 + 87.5\lambda + x_6 = -3250 \\[2mm] \lambda + \lambda_0 = 1 \\[2mm] \lambda \geqslant 0, \lambda_0 \geqslant 0, x_i \geqslant 0 \quad i = 1,2,\cdots,6 \end{cases}$$

用单纯形法

$$
\begin{array}{ccccccccc}
x_1 & x_2 & \lambda & x_3 & x_4 & x_5 & x_6 & & \lambda_0 \\
\end{array}
$$

$$
\begin{bmatrix}
0 & 0 & 1 & 0 & 0 & 0 & 0 & 0 & 0 \\
3 & 2 & 50 & 1 & 0 & 0 & 0 & 0 & 1550 \\
1 & 0 & 5 & 0 & 1 & 0 & 0 & 0 & 405 \\
0 & 1 & 5 & 0 & 0 & 1 & 0 & 0 & 225 \\
7 & 3 & -87.5 & 0 & 0 & 0 & 1 & 0 & 3250 \\
0 & 0 & 1 & 0 & 0 & 0 & 0 & 1 & 1 \\
\end{bmatrix}
$$

$$
\begin{array}{ccccccccc}
x_1 & x_2 & \lambda & x_3 & x_4 & x_5 & x_6 & & \lambda_0 \\
\end{array}
$$

$$
\Rightarrow
\begin{bmatrix}
0 & 0 & 1 & 0 & 0 & 0 & 0 & 0 & 0 \\
0 & 2 & 35 & 1 & -3 & 0 & 0 & 0 & 335 \\
1 & 0 & 5 & 0 & 1 & 0 & 0 & 0 & 405 \\
0 & 1 & 5 & 0 & 0 & 1 & 0 & 0 & 225 \\
0 & 3 & -122.5 & 0 & -7 & 0 & -1 & 0 & 415 \\
0 & 0 & 1 & 0 & 0 & 0 & 0 & 0 & 1 \\
\end{bmatrix}
$$

$$
\begin{array}{ccccccccc}
x_1 & x_2 & \lambda & x_3 & x_4 & x_5 & x_6 & & \lambda_0 \\
\end{array}
$$

$$
\Rightarrow
\begin{bmatrix}
0 & 0 & 1 & 0 & 0 & 0 & 0 & 0 & 0 \\
0 & 0 & 116.7 & 1 & 1.66 & 0 & 0.66 & 0 & 58.34 \\
1 & 0 & 5 & 0 & 1 & 0 & 0 & 0 & 405 \\
0 & 0 & 45.83 & 0 & 2.33 & 1 & 0.33 & 0 & 116.67 \\
0 & 1 & -40.83 & 0 & -2.33 & 0 & -0.33 & 0 & 138.33 \\
0 & 0 & 1 & 0 & 0 & 0 & 0 & 1 & 1 \\
\end{bmatrix}
$$

$$
\begin{array}{ccccccccc}
x_1 & x_2 & \lambda & x_3 & x_4 & x_5 & x_6 & & \lambda_0 \\
\end{array}
$$

$$
\Rightarrow
\begin{bmatrix}
0 & 0 & 0 & -0.0086 & -0.014 & 0 & -0.006 & 0 & -0.5 \\
0 & 0 & 1 & 0.0086 & 0.014 & 0 & 0.006 & 0 & 0.5 \\
1 & 0 & 0 & -0.043 & 0.93 & 0 & -0.03 & 0 & 402.5 \\
0 & 0 & 0 & -0.394 & 1.69 & 1 & 0.055 & 0 & 93.75 \\
0 & 1 & 0 & 0.351 & -1.76 & 0 & -0.085 & 0 & 158.75 \\
0 & 0 & 0 & -0.009 & -0.014 & 0 & -0.006 & 1 & 0.5 \\
\end{bmatrix}
$$

于是得到最优解为

$$(x_1^*, x_2^*, \lambda^*) = (402.5, 158.75, 0.5)$$

即安排甲机械运行 402.5 个工时，乙机械运行 158.75 个工时，便可获得最大利润，其数值为

$$s = 7x_1^* + 3x_2^* = 3293.75(元)$$

与普通线性规划相比，利润提高 43.75 元，这是由于甲机械运行工时比 400 工时的限制超出 2.5 工时（这是弹性指标允许的），并且月耗费总和比 1500 元的限制超出 25 元（这也是弹性指标允许的）。在放松限制的条件下提高了利润。

6.2 基于系统动力学的成本控制技术研究

6.2.1 应用系统动力学研究冶金工业项目成本控制的可行性

系统动力学强调以系统思考的方式来分析问题与解决问题，"不断增强的回馈""反复调节的回馈"和"时间延迟"是系统思考语言的 3 个基本元件（彼得·圣吉，2000）。基于此，彼得·圣吉在《第五项修炼》中提出了系统动力学的 9 个基模，分别是反应迟缓的调节环节、成长上线、舍本逐末、目标侵蚀、恶性竞争、富者愈富、共同悲剧、饮鸩止渴、成长与投资不足。综观这 9 个基模，都是从正反两方面对系统进行分析，即促进系统发展的因素和抑制因素。例如，成长上限模型，从促进成长的要素和抑制成长的要素两方面对系统进行描述；舍本逐末模型从问题的根本解决和副作用两个方面对系统进行分析，如图 6.2 和图 6.3 所示。

从系统的角度来看，工程成本系统具备系统动力学的系统性、复杂性、反馈性和时间延滞性等若干特性。

（1）冶金工业项目成本风险系统有多个动态子系统。按照不同的分类方法，工程成本系统可以分成不同的子系统，例如，工程成本系统可以由

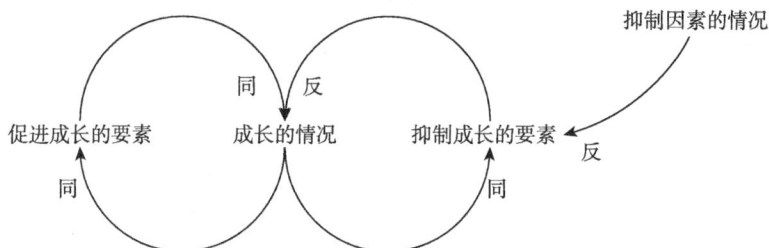

图 6.2　成长上限模型

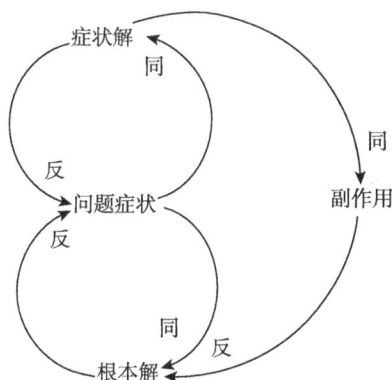

图 6.3　舍本逐末模型

分部分项工程费、措施项目费、其他项目费、规费和税金等子系统组成。

（2）冶金工业成本控制系统是一个因果反馈系统。工程成本系统中随时间而变化的状态变量都是由某种原因引起的，改变这些因素可以导致某些状态变量的变化。也就是说，工程成本系统中影响各工程活动的成本因素之间可以形成各种因果反馈关系，适合于用系统动力学方法来分析处理这些问题。

（3）冶金工业项目的成本控制系统变量之间的变化是存在时间差的，属于一个非线性的系统。尽管工程成本系统存在大量的线性关系，但从整体上来说，工程成本系统是一个非线性系统。系统动力学的研究对象主要是非线性的复杂大系统。就分部分项工程费用子系统来说，各分部分项工程量之间、分部分项工程量与各生产要素价格之间等都是非线性的关系。

173

这就决定了用一般的数学方法对其进行研究是非常困难的，因此，冶金工业项目的成本控制适合采用系统动力学来进行研究。

图 6.4 是工程成本系统的"成长上限"环路。一方面，工程成本控制的目的是实现项目的成本目标，比如降低项目运作成本、增强核心竞争力等，因此，会采取一系列措施来提高项目运作绩效，这是一个正反馈回路；另一方面，项目的各目标子系统的冲突会在一定程度上限制工程成本控制目标的达成，从而形成一个抑制型的负反馈回路。

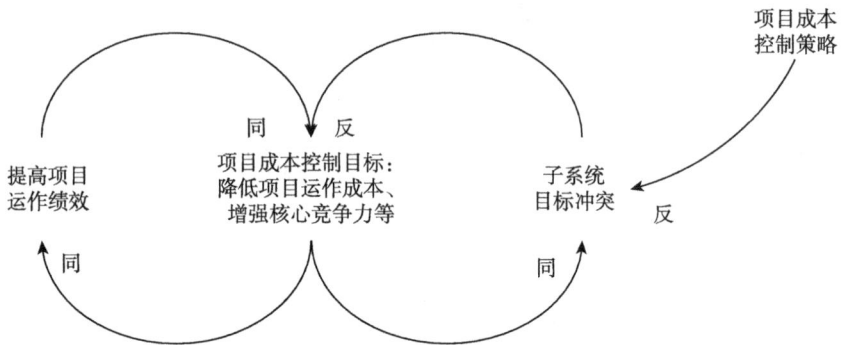

图 6.4　工程成本"成长上限"环路

6.2.2　基于系统动力学的冶金工业项目成本控制建模

6.2.2.1　建模目的

系统动力学研究系统强调面向问题和研究问题，因而建模时应明确建模目标，即模型的任务是什么。由于工程成本系统二律背反现象的存在，仅对某项项目活动采取降低成本的措施，很可能会引起其他项目活动成本的提高。系统地看待工程成本管理活动，本着整体控制的原则，解决项目系统运营的成本问题，显得紧迫而有必要。因此，本书构建工程成本系统动力学模型的主要目的是认识工程成本系统结构与因果关系，分析工程成本动因，研究其运行机制，并预测其发展趋势，为企业管理者制定合理有效的工程成本控制策略提供有价值的参考。

6.2.2.2 冶金工业项目成本控制模型的系统变量、函数确定

1. 系统变量

根据建模目的和系统边界确定，本书构建系统动力学模型涉及29个变量，可归纳为以下4类。

（1）状态变量，即系统动力学模型研究中随着时间变化的积累量。确定为状态变量必须具备一个必要条件，即建模者能获得其初始值数据。本模型确定分部分项工程成本（以下简称工程成本）为系统的状态变量。

（2）速率变量。当状态变量确定以后，对应的速率变量自然跟随而来。它的变化影响着状态变量的增加或减少。状态变量的对应速率变量有3种类型：第一种是流入率与流出率都不恒等于零；第二种是流入率恒等于零或流出率恒等于零；第三种是流入率与流出率为合成流率。对于一个具体的状态变量，其速率属于何种类型决定于实际背景，其中包括与实际精确度要求有关。本模型确定工程成本增加量为系统速率变量。其中成本增加代表状态变量成本的流入速率。

（3）辅助变量。在复杂系统动力学模型中，状态变量和速率变量之间的依赖关系主要有3种形式：一是直接依赖关系；二是间接依赖关系，来源于问题的复杂性，描述这种间接依赖关系必须引进辅助变量；三是直接间接依赖关系，既直接依赖又通过其他辅助变量间接依赖，也必须引进辅助变量。模型中确定的辅助变量有设备及材料采购成本、人工成本、机械设备台班成本、单位设备及材料原价、市场信息掌握情况、工程成本增加率等。

（4）常量。作为系统的输入值一般不随系统的动态变化而变化。本模型中的常量有价格风险系数、合同工程量、管理费率等。

2. 系统函数

本书主要应用以下四类函数：①INTEG（）函数，定义系统状态变量—工程成本；②WITH LOOKUP（）表函数，用来定义工程成本增加率；③MAX（）取最大值函数，用来定义风险系数；④RANDOMUNIFORM（）

均衡分布函数,主要用来定义机械设备市场供应情况、劳动力市场供应情况、订货率、市场信息掌握情况。

6.2.2.3 模型系统结构

本书构建的冶金工业项目成本控制系统动力学模型包括两个子系统,即冶金工业项目的成本因素子系统和其工程成本子系统。

1. 工程成本因素子系统

冶金工业项目的成本风险因素主要来自3个方面,即项目的操作层面、管理层面和信息层面,其具体体现在工程的宏观环境、工程的建造技术与工程的管理水平3个环节(见图6.5)。

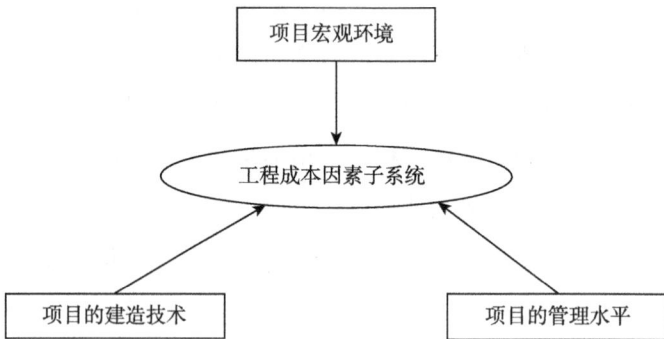

图6.5 工程成本因素子系统结构

2. 工程成本子系统

工程成本子系统主要由界面内部工程成本和界面之间工程成本两个模块组成。其中,界面内部工程成本包括工程运作成本(设备及材料采购成本、机械台班成本、人工成本等)、工程管理成本和项目信息成本;界面之间工程成本包括财务成本、各种风险成本、各种保险成本、变更与返工成本、汇率变动成本等。本书主要考虑工程成本的运作部分(见图6.6)。

3. 工程成本总系统结构

分析以上两个系统就可以得到图6.7所示的工程冶金工业项目成本模型总系统结构。

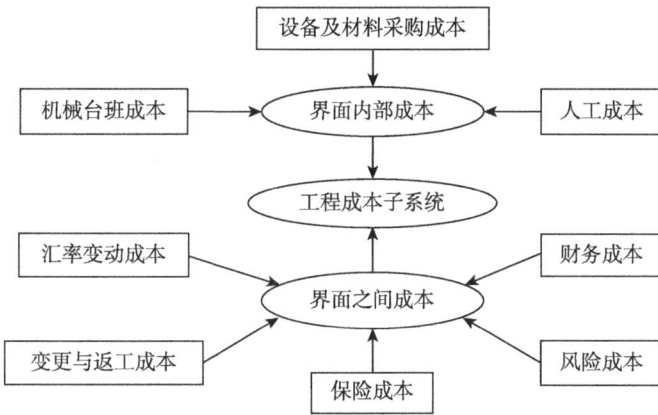

图 6.6　工程成本子系统结构

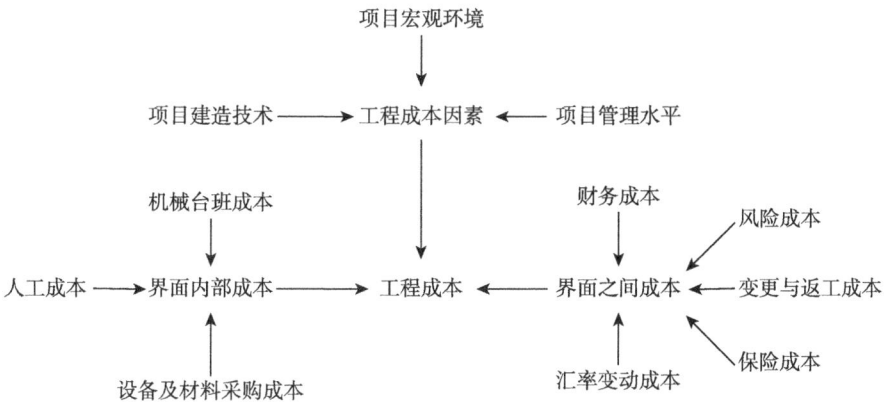

图 6.7　工程成本模型总系统结构

6.2.2.4　模型因果关系

由上述工程成本模型总系统结构，可以得到图 6.8 所示的工程总成本模型因果关系。

1. 项目内部工程成本因果关系

采用先分后总的方法对项目内部的因果关系进行分析，可以将界面内部工程成本分成机械台班成本、人工成本和设备及材料采购成本 3 个模块

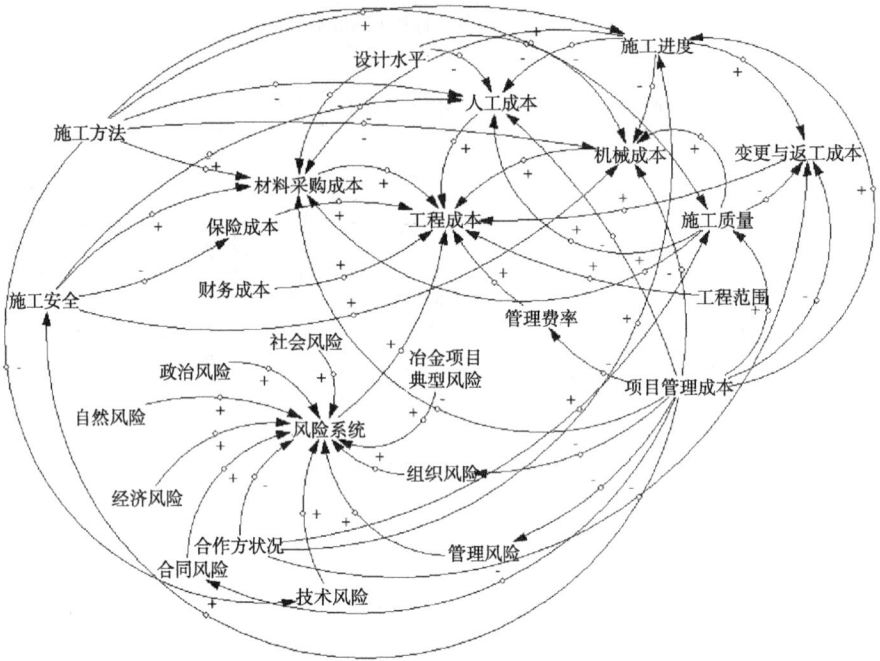

图 6.8 工程总成本模型因果关系

来分析。

(1) 机械台班成本因果关系。机械台班成本主要市场供应情况、机械设备购置价格、合同工程量、工程变更量 4 个因素影响,除合同工程量在特定工程中为固定值之外,其余 3 个变量都是随机函数。机械台班成本因果关系如图 6.9 所示。

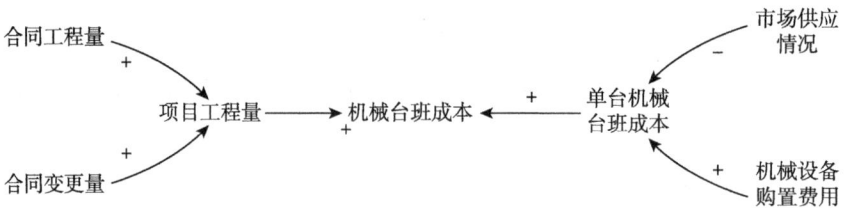

图 6.9 机械台班成本因果关系

178

（2）人工成本因果关系。人工成本主要受市场供应情况、当前劳动力市场价格、合同工程量以及工程变更量 4 个因素影响。人工成本因果关系如图 6.10 所示。

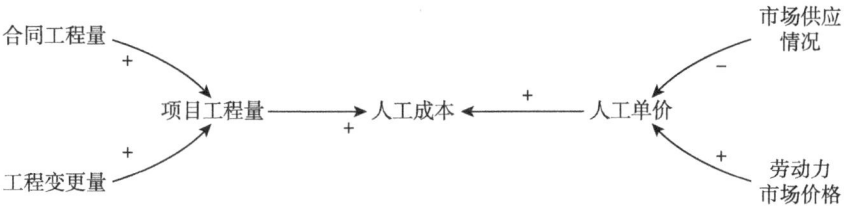

图 6.10　人工成本因果关系

（3）设备及材料采购成本因果关系。设备及材料采购成本主要受市场供应情况、运输成本、仓库保管成本、各项税费、项目工程量、单次购买数量、订货率、市场信息掌握状况、工程量等决定，其因果关系如图 6.11所示。

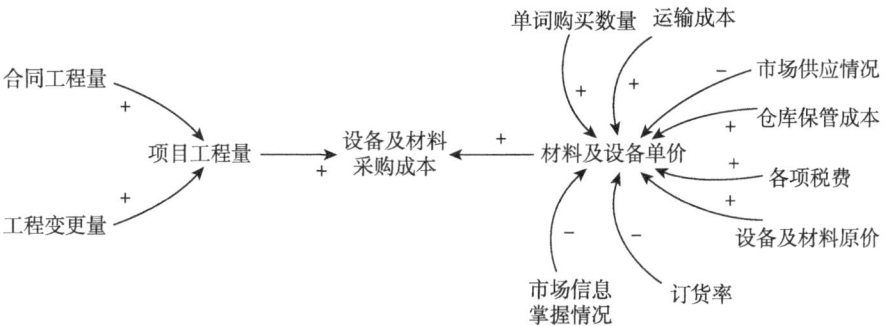

图 6.11　设备及材料采购成本因果关系

2. 界面之间工程成本因果关系

界面间工程成本所包含的内容较多，主要包括施工方法、设计水平、施工进度、施工质量、施工安全、工程范围、项目管理水平、财务成本、风险成本、变更与返工成本、保险成本、汇率变动成本以及各项项目所面临的风险因素等；界面之间工程成本因果关系如图 6.12 所示。

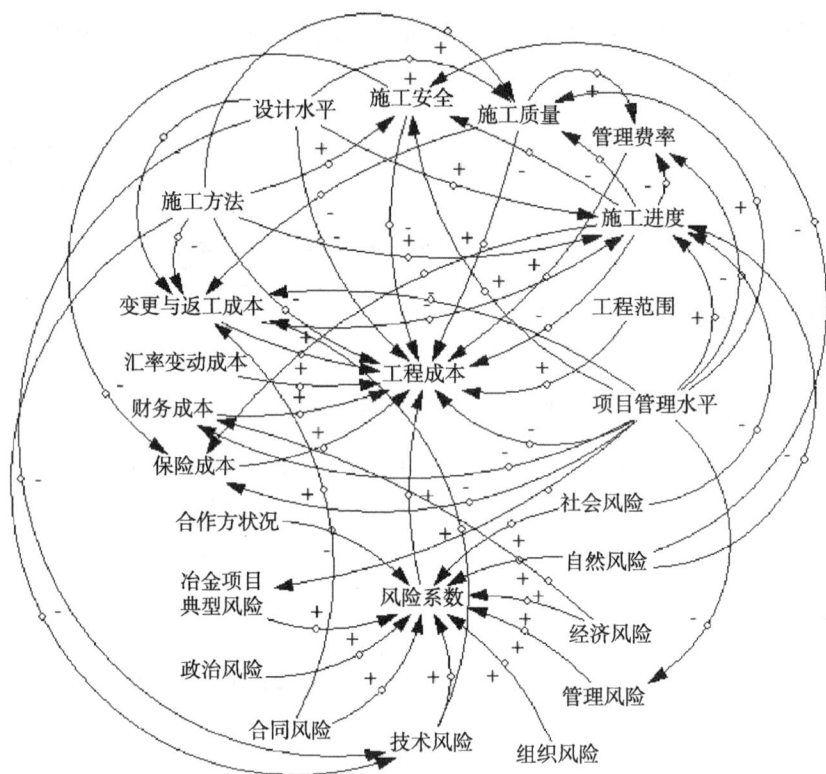

图 6.12　界面之间工程成本因果关系

6.2.2.5　工程成本系统动力学模型

通过以上的分析，对不重要的成本影响因素进行精简，建立如图 6.13 所示的反映各成本因素交互影响的工程成本系统动力学模型。

本系统动力学模型是建立在对影响工程成本的主要因素以及能够定量化的因素分析之上的，其输出结果虽然不能完全反映工程成本的实际情况，但是已经能够较精确地反映工程成本因素之间的关系，这就能通过系统动力学的仿真输出结果来分析所有影响工程成本的因素，以达到对工程成本进行控制的目的。

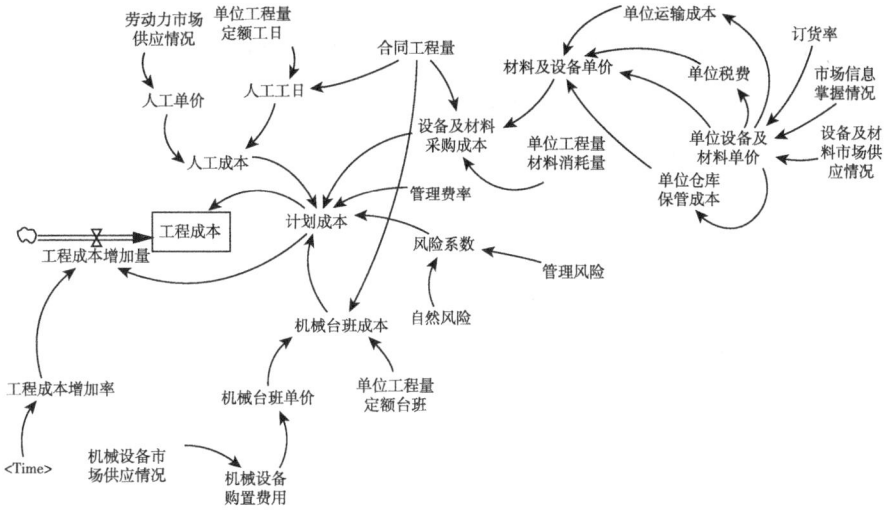

图 6.13　工程成本系统动力学模型

6.2.3　模型模拟与分析

6.2.3.1　模型参数输入

除了前文工程成本采用 INTEG（）函数，成本增加率采用 WITH LOOKUP（）函数，风险系数采用 MAX（）函数，机械设备市场供应情况、劳动力市场供应情况、订货率、市场信息掌握情况采用 RANDOM U-NIFORM（）函数外，模型中其他公式及参数的定义如下：

（1）工程成本增加量 = 计划成本 × 工程成本增加率；

（2）单位工程量定额工日 = 10；

（3）人工单价 = 100 × 劳动力市场供应情况；

（4）人工工日 = 单位工程量定额工日 × 合同工程量；

（5）人工成本 = 人工单价 × 人工工日；

（6）机械设备购置费用 = 5000000 × 机械设备市场供应情况；

（7）机械台班单价 = 2 × （机械设备购置费 – 100000）/3000；

（8）单位工程量定额台班 = 10；

（9）机械台班成本 = 单位工程量定额台班 × 机械台班单价 × 合同工程量；

（10）计划成本 = （人工成本 + 机械台班成本 + 设备及材料采购成本）×（1 + 管理费费率）×（1 + 风险系数）；

（11）自然风险系数 = 0.266；

（12）管理风险系数 = 0.180；

（13）管理费费率 = 0.2；

（14）合同工程量 = 10000；

（15）设备及材料采购成本 = 材料及设备单价 × 单位工程量材料消耗量 × 合同工程量；

（16）单位工程量材料消耗量 = 100；

（17）材料及设备单价 = 单位仓库保管成本 + 单位运输成本 + 单位税费 + 单位设备及材料原价；

（18）单位运输成本 = 单位设备及材料原价 × 0.7；

（19）单位税费 = 单位设备及材料原价 × 0.25；

（20）单位设备及材料原价 = 1000 × 市场信息掌握情况 × 订货率 × 设备及材料市场供应情况。

6.2.3.2　模拟结果及分析

应用 Vensim 软件对建立的系统动力学模型进行模拟来分析工程成本发展趋势。

1. 与机械使用相关成本发展趋势分析

与机械使用相关成本（以自有设备为例）有关的影响因素主要包括合同工程量、单位工程量定额台班及机械台班单价。

由于机械台班成本 = $\sum$ 合同工程量 × 机械台班单价 × 单位工程量定额台班，所以，机械台班成本由合同工程量、机械台班单价和单位工程量定额台班来决定，机械台班单价取决于机械设备的市场供需情况及自有设备的采购价格等。系统动力学模型中的与机械使用成本有关的仿真曲线如图 6.14 所示。

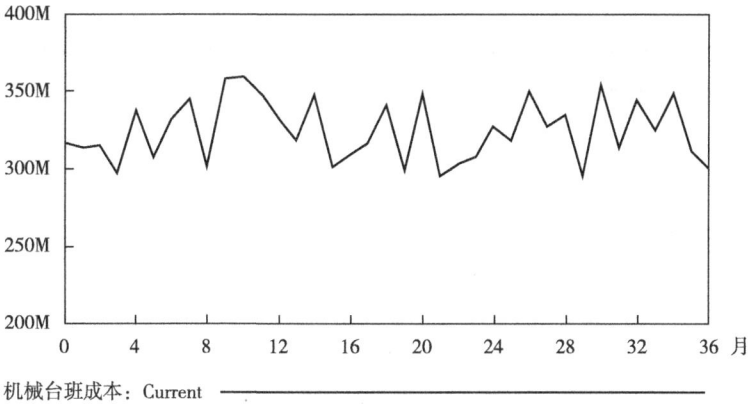

机械台班成本：Current ──────────────

图 6.14　机械台班成本动力学仿真曲线

2. 与人工相关成本发展趋势分析

与人工成本相关的影响因素主要包括人工工日和人工单价，人工成本与人工工日和人工单价的计算式为：

$$人工成本 = \sum 人工单价 \times 人工工日$$

其中，人工单价由劳动力市场供应情况决定，人工工日由合同工程量及单位工程量定额工日来决定。系统动力学模型中的与人工相关成本的仿真曲线如图 6.15 所示。

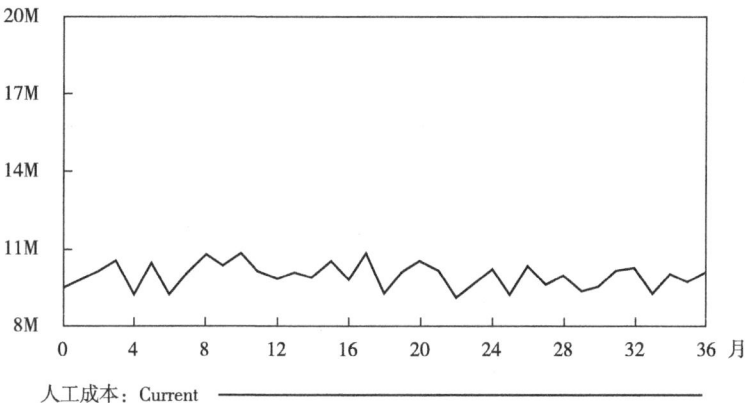

人工成本：Current ──────────────

图 6.15　人工相关成本动力学仿真曲线

3. 与设备及材料相关成本发展趋势分析

与设备及材料相关的影响因素主要包括合同工程量、材料及设备单价和单位工程量材料消耗量，其计算式为：

$$设备及材料采购成本 = \sum 合同工程量 \times 材料及设备单价 \times$$
$$单位工程量材料消耗量$$

其中，材料及设备单价由材料的单位运输成本、单位税费、单位设备及材料原价和单位仓库保管成本来共同决定。系统动力学模型中的与设备及材料采购成本的仿真曲线如图 6.16 所示。

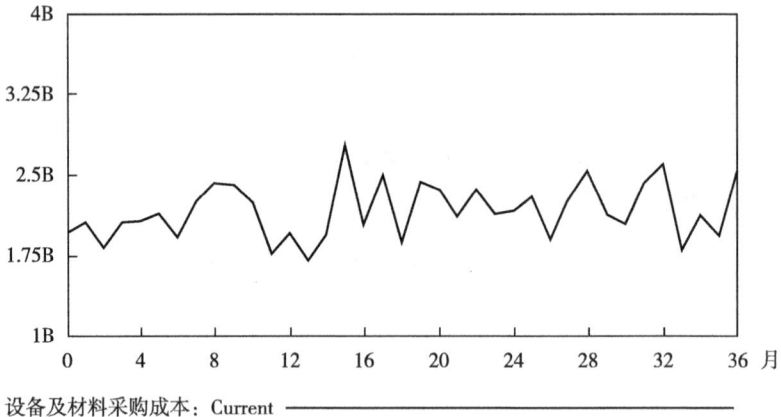

设备及材料采购成本：Current ——————————————

图 6.16 设备及材料相关成本动力学仿真曲线

4. 工程计划成本发展趋势分析

影响工程计划成本的因素包括人工成本、设备及材料采购成本、管理费费率、风险系数，机械台班成本，其计算式为：

$$计划成本 = \sum (人工成本 + 机械台班成本 + 设备及材料采购成本) \times$$
$$(1 + 管理费费率) \times (1 + 风险系数)$$

其系统动力学模型中的工程计划成本的仿真曲线如图 6.17 所示。

5. 工程实际成本发展趋势分析

影响工程实际成本的因素包括工程计划成本和工程成本增加量，其计

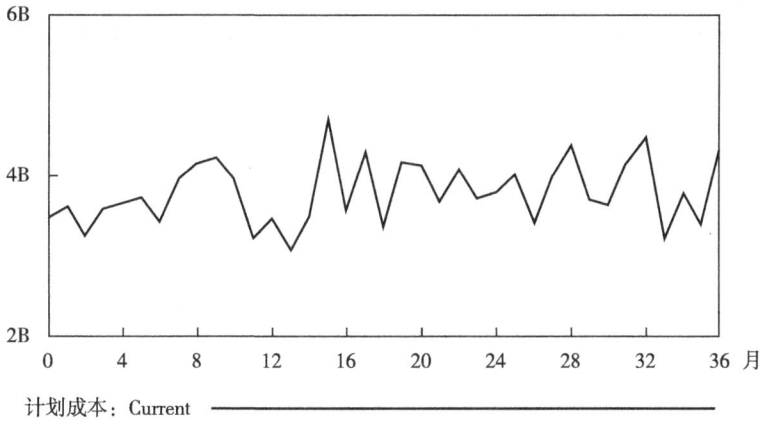

计划成本：Current ─────────────────

图 6.17　工程计划成本动力学仿真曲线

算式为工程实际成本 = 工程计划成本 + 工程成本增加量，系统动力学模型中的工程实际成本仿真曲线如图 6.18 所示。

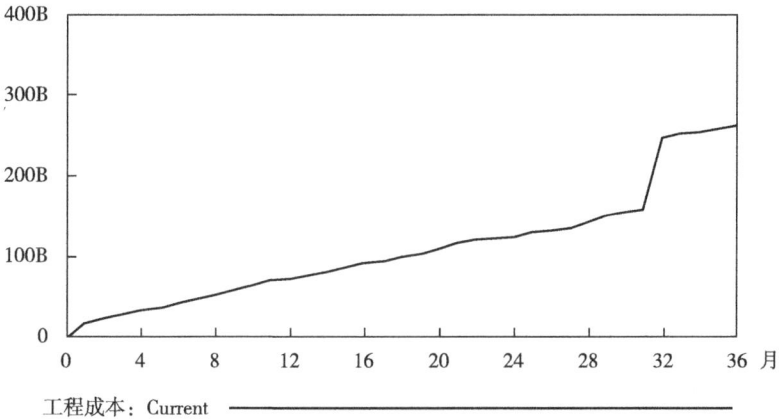

工程成本：Current ─────────────────

图 6.18　工程实际成本动力学仿真曲线

6.2.4　策略实验与分析

通过上述所建立的系统动力学因果关系及系统动力学模型分析结果可

知，可以将控制工程成本途径分为两种：第一种途径是采用合适方法及手段控制计划成本的增加，主要包括控制施工机械成本、人工成本、设备及材料采购成本等，第二种途径是通过控制工程成本的增加率，进而达到控制工程成本的增加量，从而最终实现对整个工程成本的控制。现将各种方法策略分为以下6个方面。

1. 施工机械计划成本控制策略及动力学模拟实现分析

施工机械成本的影响因素主要包括机械台班单价、单位工程量定额台班以及合同工程量，控制施工机械成本的关键就是将这3个影响施工机械成本的要素加以合理有效控制，机械台班单价主要是由市场供应情况来决定的，所以，掌握市场设备供应动态，对施工机械设备供应厂家进行信誉、生产能力、设备状况、价格水平等进行考察，建立设备市场供应商清单是非常有必要的。对于影响单位工程量定额台班的处理方法是根据机械的效能指标和施工进度合理安排施工机械数量，在施工过程中尽量减少甚至避免施工过程中的机械设备窝工以及出现不合理闲置的时间，这就需要在施工前制订详细的机械使用方案和使用计划。对于合同工程量的控制主要是要精确计算合同工程量，避免出现错算、漏算、重复计算等问题，这一步的工作也主要是在投标报价工作中完成的。现将控制后的系统动力学仿真模拟结果如图6.19所示。可以看出，采用控制策略后的机械台班成本

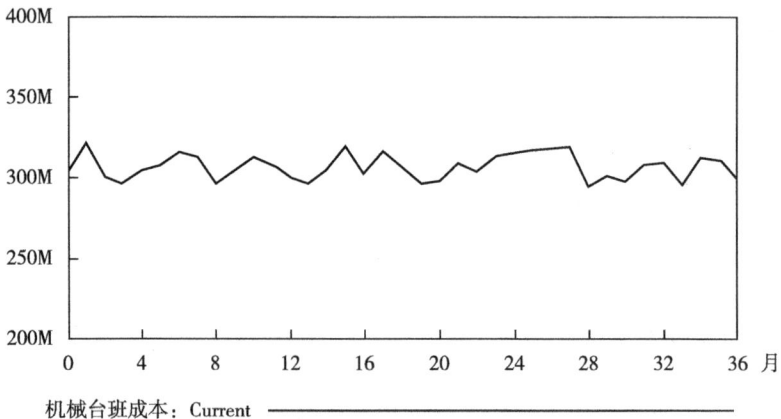

图6.19　采用控制策略后的机械台班成本动力学仿真曲线

比没有采取控制措施的时候有所下降，而且机械台班成本的浮动也变得较小。

2. 人工计划成本控制策略及动力学模拟实现分析

人工成本的影响因素主要包括人工单价、人工工日和合同工程量。合同工程量的控制与前述施工机械计划成本控制中是一样的，人工单价的控制需要掌握劳动力市场动态情况，企业最好建立自己的劳务分包商清单，形成长期合作机制，建立稳定的合作伙伴关系，这样既能避免由于不熟悉劳务分包商的情况而形成成本风险，也能通过建立长期合作关系而降低人工单价。人工工日的控制和单位工程量定额台班的控制一样，应建立合理的施工进度计划及劳动力需求计划，避免在施工中出现窝工等情况。现将控制后的系统动力学仿真模拟结果示于图 6.20。可以看出采用控制策略后的人工成本比没有采取控制措施的时候有所下降，而且人工成本的浮动也变得较小。

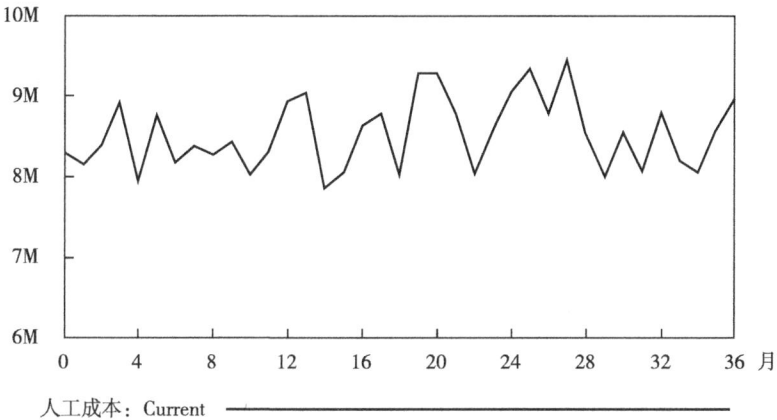

图 6.20 采用控制策略后的人工成本动力学仿真曲线

3. 设备及材料采购计划成本控制策略及动力学模拟实现分析

影响设备及材料采购成本的因素主要包括合同工程量、单位工程量材料消耗量和材料及设备单价。合同工程量的控制如前文所述，这里不再赘述。单位工程量材料消耗量的控制主要通过减少施工过程中的材料浪费来得以实现，具体来说，可以采用根据当前施工进度计划来确定当天的工程量，从而来测算当天的材料及设备消耗量，采用限额领料的方法来进行限制，对能够节俭的劳务队伍进行奖励，对造成材料浪费的劳务队伍进行惩罚。材料及设备单价的控制要从控制影响它的要素来得以实现，从系统动力学模型可以看出，影响材料及设备单价的要素主要由单位运输成本、单位税费、单位设备及材料原价、单位仓库保管成本等来决定，而单位设备及材料原价由订货率、市场信息掌握情况和设备及材料市场供应情况来决定。所以，对材料及设备单价的控制要通过熟悉材料及设备的市场情况、设备市场的供应情况、降低单位运输成本来得到实现。现将控制后的系统动力学仿真模拟结果如图 6.21 所示。可以看出，采用控制策略后的设备及材料采购成本比没有采取控制措施的时候有所下降，而且设备及材料采购成本的浮动也变得较小。

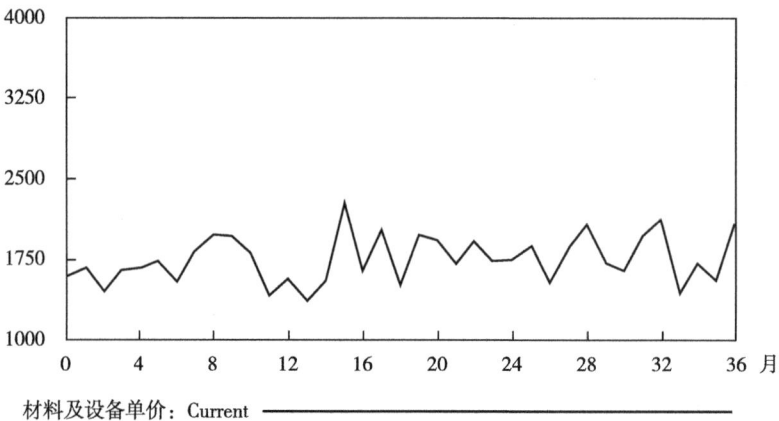

材料及设备单价：Current ————

图 6.21　采用控制策略后的设备及材料成本动力学仿真曲线

4. 工程成本增加量控制策略及动力学模拟实现分析

影响工程成本增加量的因素包括计划成本和工程成本增加率，计划成本的控制通过前文所述的方法，以加强对人工计划成本、设备及材料采购计划成本和机械台班使用计划成本的控制来得以实现，同时还要进行风险管理和采用低成本的施工工艺和先进的管理技术。对工程成本增加率的控制主要从分析影响工程成本增加率的各要素出发，影响工程成本增加率的各因素已经在系统动力学因果关系图中进行了详细说明，在考虑影响工程成本增加率的时候需要注意，其影响因素往往存在多重复杂的因果关系，需要详细研究系统动力学模型中的因果关系，以达到对其进行有效控制的目的。采取控制措施后的系统动力学仿真模拟结果如图 6.22 所示。

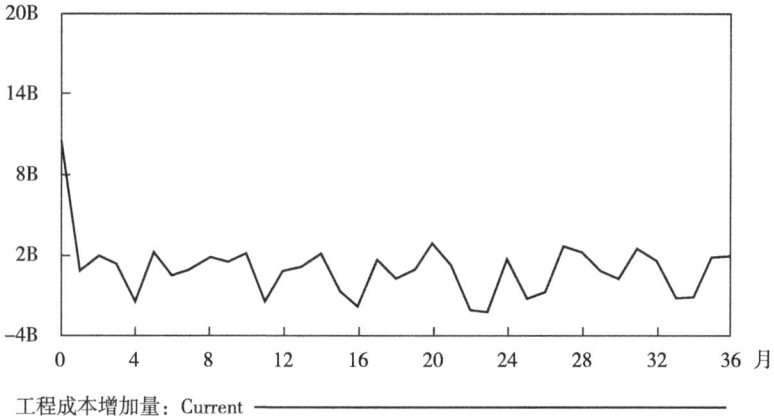

工程成本增加量：Current

图 6.22　采用控制策略后的工程成本增加量动力学仿真曲线

5. 其他需要说明的控制工程成本的策略

除了上述对施工机械计划成本、人工计划成本、设备及材料采购计划成本以及工程成本增加量的控制之外，还需要降低施工过程中的管理费用以及采用各种风险控制措施，以防止带来不必要的损失。降低施工过程中的管理费用主要通过完善项目的组织结构、组织流程和各项规章制度来实现。

6. 采取控制措施后工程实际成本动力学模拟

通过对施工机械计划成本、人工计划成本、设备及材料采购计划成本、管理费率、工程成本增加率和采用风险控制等手段后，得到工程实际成本系统动力学仿真模拟结果如图 6.23 所示。可以看出，工程实际成本比不采用控制措施后的成本增加较为平缓，而且基本不存在成本出现较大波动的情况。

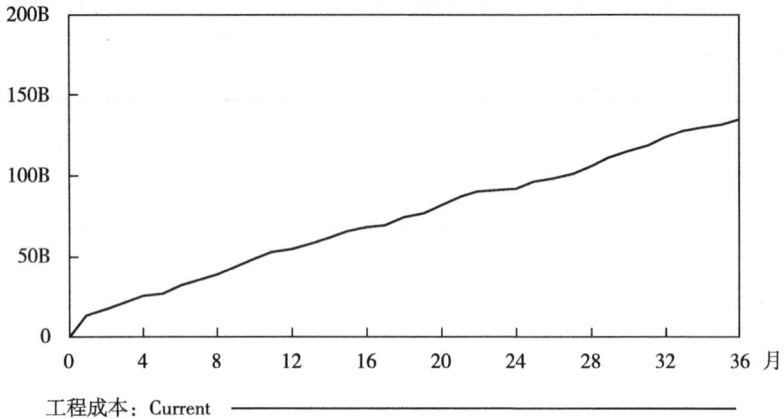

工程成本：Current

图 6.23　采用控制策略后的实际工程成本动力学仿真曲线

7 总结与展望

7.1 总结

本书以我国当前的环境状况及中冶科工集团的成本管理现状为背景，在对国内外相关文献及冷轧薄板项目建造技术进行全面分析研究的基础上，以统计学（偏最小二乘回归分析）、博弈论、模糊数学、系统动力学等为工具，以工程项目管理学、造价管理等相关理论为指导，采用定性与定量相结合、理论与实际紧密结合的方法，对冶金工业项目（主要以冷轧薄板为例）成本风险管理研究后得出以下结论。

第一，对我国当前环境状况的调查分析可知，我国出现的环境问题已经越来越严重，对环境污染的防治工作已经变得刻不容缓，尤其是我国自2012年开始出现的大范围雾霾天气对人们的工作和生活造成了巨大的影响，环境防治不仅是一项工作，更是一项社会责任，作为环境污染大户的施工企业在环境防治面前应该义不容辞地担任起模范带头作用，在建造过程中推行绿色施工技术，采取节能减排措施，为我国环境污染的防治尽绵薄之力。

第二，从一定意义上说，降低建造成本不仅能够为企业赢得较好的效益，而且也符合推行绿色建造技术的根本要求，为环境污染防治作出贡献。施工企业的成本管理工作存在一些漏洞与问题，加强成本风险管理工作、采取先进的技术手段与规范化流程，能够弥补与解决这些漏洞与问题。

第三，由于冶金工业项目大多采用"GM"管理模式，采用传统的预算模式对工程造价进行估算几乎是不可能的，这就造成冶金工业项目的成本估算基本停留在经验估算层面，其估算结果较为粗略，为后续成本管理工作带来较大的难度与风险。采用偏最小二乘回归分析，对历史统计资料进行分析，能够较准确地估算出项目造价，这是解决这一问题的有效途径。

第四，冶金工业项目施工多采用邀请招标的模式，参与投标竞争的施工企业基本局限在中冶科工集团旗下的企业，这种模式主要体现在业主与施工投标者之间的博弈，建立适合冶金工业项目投标的博弈模型，通过分析业主采取的策略，有针对性地制订应对方案，有利于施工企业在投标竞争中处于有利地位。

第五，虽然采用偏最小二乘回归分析比采用传统的经验估算法对成本估算精确，但是偏最小二乘回归分析是建立在统计学基础上的，也不能算实际成本的精确估算，所以对成本风险进行分析，对影响成本的敏感性因素进行识别就变得非常重要，采用基于 MATLAB/SIMULINK 技术能够较好地解决这一问题。

第六，成本风险因素自项目立项开始一直到项目竣工验收时刻都在进行变化，工程成本风险管理工作不是一次性的工作，而是在整个建造过程中要重复进行的工作，在成本风险出现萌芽，甚至还没有出现时就要对其进行预测，并采取相应的策略进行防治是变被动成本管理为主动成本管理的关键。所以，在建造过程中对成本风险因素进行预警变得至关重要。

第七，精确的成本估算是成本管理的基础，成本风险预警、成本优化和成本控制是成本管理的"三驾马车"，只有将这四项工作做好，才能合理预防成本风险的发生，为企业创造出较高的效益。

7.2　展望

由于篇幅有限，本书不能将所有问题进行研究，作者认为还存在以下可以研究的领域：

一是本书虽然研究了冶金工业项目的绿色建造技术，而且一部分技术已经在实际中进行应用，并取得了良好的效益，但是，没有对冶金建设行业的绿色建筑标准及规范等进行研究，这项工作迄今为止仍然是一项空白，不仅如此，我国的绿色建筑标准与规范也是主要针对民用建筑与公用市政建筑来制定的，缺乏工业项目的相关绿色建筑标准，此项课题是一个值得深入研究的问题。

二是本书中的数学模型都是根据实际情况建立的，大部分数学模型都配有相关的案例作为支持，由于篇幅限制，还存在极少数的数学模型没有配套案例，这些配套案例可以作为以后深入研究的问题。

三是冷轧薄板项目建造技术是一项巨大的系统工程，每项技术都有很高的研究价值，限于篇幅所限，不可能对每项技术进行深入研究，只能有重点的归结里面的某些部分，并形成整体建造流程。对每项技术的深入研究是以后一个研究方向。

四是将整个冶金工业项目的技术与管理进行整合，建立适合冶金建设项目的 BIM 平台，在这一平台上不仅体现成本，还要体现质量、进度、安全等是以后的研究方向。

7.3　扩展思考

绿色建造是对应于实现绿色建筑的动态过程，建筑的设计与施工是绿色建造涉及的主要过程。在汉字中，"建筑"一般作为名词使用，"建造"一般作为动词使用。因此，绿色建筑是针对建筑产品而言，而绿色建造则是针对建筑产品的制造过程来说的，其核心理念是"环境友好、资源节约、品质保证"。本书再扩展思考几个有利于推进绿色建造发展的方向，提出存在的问题，供各方思考。

7.3.1 发展工程总承包是推进绿色建造的重要保障

工程总承包模式有利于承包商从工程项目总体的角度统筹资源，减少环境负影响，实现资源和能源的高效利用。

在传统的工程承包模式中，建筑设计与建筑施工往往分属不同的单位，在设计图完成之前，还不确定项目的施工单位，更不要说相互沟通，施工单位只能照图施工。其结果是施工中不断发生设计变更，造成管理成本增加、工期拖延、投资超额、资源浪费，这与绿色建造的理念相背离。工程总承包模式促使承包商从工程总体出发，从设计、施工工艺、设备选型、材料选择和工程造价等方面进行全面统筹，从而提高工程建造过程的能源利用效率，减少资源消耗，有利于工程项目综合效益的提高。但我国工程总承包的发展缓慢，究其原因，很大程度上受传统的建筑管理体制的影响，具体表现在以下3个方面：

第一，项目业主作为工程项目建设的主体，在建设过程中处于主导地位。在项目建设过程中，由于业主方的专业水平不高，在管理方面水平也有高有低，对建设程序和相关法规也不够熟悉，而且存在部分业主照顾个人与部门利益等诸多因素，导致了业主方擅自将工程肢解发包、违规分包等不规范行为的发生。

第二，有关工程总承包的法律法规有待完善。应该通过行业的法律法规，规范建设方的建设行为，同时为实现工程总承包创造条件。以法律形式保障承包商垫资带资建设的合法权益，明确建设项目还款最低利息和资金偿还期限，形成一种有利于承包商开展融资的市场环境，降低承包商的资金风险，鼓励工程总承包模式的推广。

第三，建筑市场产业结构失调，目前建筑市场多是经营范围、经营方式和经营能力都基本相同的中小型企业，缺少具有总承包能力和强大经济技术实力的大型企业。各企业的目标市场没有进行区分，各自技术和管理上的优势也没有体现，从而导致建筑市场的混乱和无序，也加剧了工程发包领域的不规范行为。

7.3.2 发展建筑信息模型（BIM）是推进绿色建造的重要手段

近年来，建筑信息模型（BIM）在我国获得了普遍的重视，其核心理念是建造各阶段的技术信息共享，贯通设计、施工以及运维等阶段。

建筑设计与施工中的浪费和损害环境的现象相当普遍。据美国1999年有关部门统计，由于超预算、错误设计与施工造成返工、工期拖延、管理不当等带来的损失与浪费，约占投资总额的30%。应用BIM技术可以减少异议和错误发生的可能，减少"错、缺、漏、碰"现象的发生。美国斯坦福大学整合设施工程中心（CIFE）根据32个项目总结了使用BIM技术具有以下优势：可以消除40%预算外的更改；使造价估算的精度控制在3%以内；可以缩短80%造价估算时间；通过发现和解决冲突，将合同价格降低10%；项目工期缩短7%，及早实现投资回报。BIM在建筑业的应用与发展，不但节约资源，提高生产率，而且有利于产业升级，是实现绿色建造的重要手段。

目前在设计、施工阶段，分别得到了部分应用，也取得了较好的效果，但仍然存在着一些亟待解决的问题，这些问题制约着BIM的推广应用。主要表现为以下3个方面。

1. BIM推广应用的行业标准有待编制

BIM在建筑业的推广应用，需要有统一的标准加以规范，包括信息的存储、传递、交付、应用等，这样才能实现相互之间的交流、运用，充分发挥BIM技术的优势。目前我国的BIM国家标准正在编制中，包括《建筑工程信息模型应用统一标准》《建筑工程信息模型存储标准》《建筑工程信息模型编码标准》《建筑工程设计信息模型交付标准》《制造工业工程设计信息模型应用标准》和《建筑工程施工信息模型应用标准》。标准的实施，对 BIM 的发展将起到重要的作用。

2. BIM 应用的有关软件有待开发完善

目前，很多企业针对建造中 BIM 应用的实际需要，开发了针对性强的软件。如中建三局一公司针对机电工程现场施工的进度、安全及质量管理要求，开发了"基于 BIM 的建筑工厂化管理系统"。中建五局针对机电安装工程，开发了"中建五局安装物资编码算量统计软件""中建五局安装 Revit 辅助深化设计工具"和"中建五局安装 Revit 族库管理系统"。这些软件均有效提高了机电工程工厂化施工的效率和质量，保障施工安全，产生了较好经济效益。但是软件之间存在重复开发，相互之间也缺少衔接和匹配。特别是各类软件还不能在一个统一的平台上运行，国产软件还不能占主体地位，这些因素制约了 BIM 的推广应用。

3. 建造各阶段的模型直接转化应用有待解决

BIM 的优势之一是可以实现建筑业各阶段之间的信息沟通和交互，信息模型始终处于各阶段的共同监管和关注下，最后得到完善的最终模型。我国建筑业各阶段之间虽然有对接，但各阶段所依据的标准不同，控制体系和监管部门也不同，这种条块分割式的产业结构不利于信息的贯通和传递。建筑设计阶段和施工阶段对 BIM 模型的精度要求差异很大，设计阶段难以提供施工阶段所要求的信息。另外，设计单位在初始建模时首先做了大量超出以往信息量的工作，但不能获得相应的经济回报，这都制约了建造的不同阶段之间模型的直接转化。

7.3.3 发展建筑工业化是推进绿色建造的有效方式

建筑工业化的主要标志是实现"四化"即建筑设计体系标准化、构配件生产工厂化、现场施工装配机械化和工程项目管理科学化。有资料显示，采用工厂化生产的建筑，具有进度可控、质量可控、成本可控等优势，施工周期仅为传统方式的1/3，可节约钢筋水泥20%～30%，节约木材80%，水消耗可以降低60%，人工费降低50%，大大减少了施工现场粉尘、噪声、污水等污染，仅建筑垃圾就可减少80%，总体造价降低10%以上。另外，建筑工业化大量应用新技术、新材料、新设备和新工艺，使建筑隔声、隔热、保温、耐火等性能大大改善，提升了建筑使用的舒适性、健康性。建筑工业化还有利于建筑业由劳动密集向技术密集转变。

近几年，国家为建筑工业化提供了越来越有力的政策支持，取得了一定的成绩和进步，但是这种进步主要还是停留在单项技术和部分物品的层面上，在整体的生产方式上仍然没有根本性变化，其原因包括以下4个方面。

1. 法制与机制不完善

在法制上，21世纪初，日本实施《住宅品质确保促进法》，加快产业化技术集成，提高住宅品质，取得了成功经验。我国的建筑工业化发展缺少相关法律支撑，产业化发展无法可依。在机制上，还未建立起全过程监管、考核和奖惩机制。监督机制和项目考核评定标准不完善，考核检查手段不齐备，能耗测评和标识制度不健全，奖惩措施不到位。

2. 在技术体系上，建筑工业化技术仍以单项技术推广应用为主，缺乏有效的整合集成，没有形成完整的技术体系

目前在住宅工业化方面，主要是企业主体从国外引进的一些结构体系，在本地适应性、知识产权等方面或多或少地存在一些问题。主体结构与建筑其他部件的工业化匹配方面存在不足，结构部件产品没有形成上下贯穿的产业链，产品生产企业不提供相应技术和安装服务，造成工业化率低、成本投入大。从整体上看，建筑工业化的产业链体系还不成熟。

3. 国家行业有关标准不健全

建筑工业化的设计、施工标准规范欠缺，尚未建立相关的施工工艺、工法和安全规程，甚至在某些方面和国内现行的建筑技术标准、规范还不兼容，使设计、审批、验收无标准可依，这对工业化住宅的大规模推广有一定影响。

4. 政策配套不到位

现行的经济政策，在包括财政、税收、信贷和收费等方面都不能对建筑工业化的发展提供有力的支持。财政和信贷政策缺乏相应激励机制，税收政策在构部件产品生产和消费者购买环节没有相应减免、优惠等鼓励措施。例如，PC 构件作为工业产品进入施工单位，增加了税收环节，使建筑的成本明显增加，造成了建筑工业化推广在经济上的困境。

7.3.4 绿色建材是实现绿色建造的物质基础

绿色建材采用清洁生产技术，大量使用工业或城市固态废物生产，其产品具有无毒害、无污染、无放射性等优点，而且对废物进行回收利用，也有利于人体健康和环境保护。这与绿色建造的核心理念是一致的，绿色建材是实现绿色建造的物质基础。目前，绿色建材市场还不规范，造成推广应用的困境，其原因主要有以下 3 个方面。

1. 国家行业的绿色建材评价标准和产品认证体系有待建立

建筑材料种类多，在全寿命周期内涉及的绿色因子复杂，虽然在"十五"期间国家已经立项开展了绿色建材的评价标准研究，"十一五""十二五"期间均有延续研究，但至今还没有发布绿色建材的评价标准。各地推广的绿色建材产品目录大多是地方的工程物资协会等机构组织上报然后经专家评定，没有指标体系，偏主观性。这也导致市场有大量由协会或各类机构推出的环保建材、节能建材的认定或评价。从某种程度上说，此类评价极有可能造成产品的鱼目混珠，误导市场，使消费者无所适从。

2. 国家鼓励性财政政策不足

绿色建材生产成本将高于普通建材。绿色建材面市还需要下游消费方认可。绿色建材价格较高且公众对绿色建材认识不足，直接导致消费者认为其性价比低，由于价格因素而放弃购买，同时也不愿购买价格相对较高的采用绿色建材建造的商品房，从而导致开发商缺乏使用绿色建材的动力。因此，一方面，国家应该制定相应的政策进行鼓励，给生产者或消费方进行补贴，包括绿色建筑评价中加分及招投标加分等，鼓励下游选用绿色建材；另一方面，通过法律法规，宣传、引导生产和消费绿色建材。

3. 绿色建材市场整体发展不成熟

我国的绿色建材市场还没有形成一套完善的市场配套体系，绿色建材在整个建材市场中只占有很小的比重。欧美发达国家已有超过90%的建材产品达到绿色标准，而我国到2020年绿色建筑所占新建建筑的比重仍未超过30%。就目前情况来看，我国现阶段从事绿色建材生产的企业数量较少，而且实力较弱，融资能力也不强，这也制约了绿色建材生产企业的发展壮大。

7.3.5 结语

绿色建造是随着绿色建筑的要求而提出的一种建造理念，其核心是"环境友好、资源节约、品质保证"。实现这一理念，推进绿色建造，需要各方面的努力和在政策、技术、管理等方面的支撑。上述问题的解决，将会有效推进绿色建造的发展。实现绿色建造，任重道远，让我们共同努力。

参 考 文 献

[1] 覃爱民，王利．基于供应链管理的绿色施工 [J]．价值工程，2010 (7)：16 – 17.

[2] 王润霞．低能耗的绿色建筑 [J]．天津大学学报（社会科学版），2010，12 (2)：144 – 148.

[3] 陈柳钦．从人文视角深化对绿色建筑的理解 [J]．绿色建筑，2011 (2)：44 – 46.

[4] 田淑芬．绿色建筑与建筑业可持续发展 [J]．建筑经济，2005 (278)：80 – 82.

[5] 赵喆．基于全寿命周期的绿色建筑经济评价体系 [D]．北京：北京交通大学，2010.

[6] 孙大明，邵文晞，李菊．我国绿色建筑成本增量调查分析 [J]．建设科技，2009 (2)：34 – 37.

[7] 李遵白，吴贵生．绿色建筑的演进与中国绿色建筑产业竞争力分析 [J]．贵州大学学报（社会科学版），2011，26 (2)：50 – 54.

[8] 薛明，胡望社，杜磊磊．绿色建筑发展现状及其在我国的应用探讨 [J]．后勤工程学院学报，2009，25 (3)：24 – 27.

[9] 王润霞．低能耗的绿色建筑 [J]．天津大学学报（社会科学版），2010，12 (2)：144 – 148.

[10] 杨涛．对绿色建筑的几点思考 [J]．科技信息，2010，

（19）：356.

[11] 楼海军.国际 EPC 水泥工程风险管理研究 [D].武汉：武汉理工大学，2011.

[12] 刘进.EPC 模式下我国国际建筑工程投资风险管理成效研究 [D].泉州：华侨大学，2012.

[13] 蒋莎莎.国际 EPC 总承包项目风险管理体系研究 [D].广州：广州大学，2010.

[14] 郭伟，王凤岐，杜玉明，等.产命寿命周期需求的分析及其间影射方法研究 [J].机械工程学报，1998（9）：32 - 36.

[15] 牛犇.绿色建筑开发管理研究 [D].天津：天津大学，2011.

[16] David Gottfrid，绿色建筑经济学的蓝图 [J]，产业与环境，2004，26（2 - 3）：20 - 21.

[17] 李阳.我国国际工程 EPC 总承包项目风险管理研究 [D].长沙：长沙理工大学，2009.

[18] 王卓甫.工程项目风险管理—理论、方法与应用 [M].北京：中国水利水电出版社，2003：23.

[19] 丛培经.工程总承包项目风险分析与对策 [N].建筑时报，2004 - 8 - 9（10）.

[20] 余子华.工程项目风险管理与工程保险 [M].杭州：浙江大学出版社，2004：56 - 57.

[21] 成虎，吴九明.工程总承包项目的运作过程和合同分析 [J].施工技术，2004，33（12）：1 - 3.

[22] 王菊凤.工程项目的风险评价研究 [D].成都：西南交通大学，2006.

[23] 郭仲伟，王永县.大型工程项目风险分析 [J].系统工程，1994（1）：49 - 54.

[24] 刘金兰.大型工程项目风险分析认知影响图理论与方法 [D].

天津：天津大学，1994.

　　［25］程铁信. 模糊影响图评价算法的探讨［J］. 系统工程，2004
（2）：177-152.

　　［26］徐惠. 基于 AHP 法和灰色模式识别理论的海底管道系统路由定
量风险评估［J］. 海洋工程，2005（11）：105-110.

　　［27］（美）詹姆斯·R. 埃文斯（James R. Evans），戴维·L. 奥尔森
（David L. Oison）. 模拟与风险分析［M］. 上海：上海人民出版社，2006：
85-110.

　　［28］黄宏伟，曾明，陈亮，等. 基于风险数据库的盾构隧道施工风
险管理软件（TRMI.0）开发［J］. 地下空间与工程学报，2006，2（1）：
36-41.

　　［29］彭铭，黄宏伟，胡群芳. 基于盾构隧道施工监测的动态风险数
据库开发［J］. 地下空间与工程学报，2007，3（7）：3-4.

　　［30］黄明，顾祥伯，等. 基于蒙特卡罗模拟的费用与进度集成风险
分析［J］. 石油化工设计，2007，24（2）：49-53.

　　［31］曹雷，徐文星，等. 蒙特卡罗模拟风险分析中概率分布函数的
选择［J］. 石油化工设计，2007，24（3）：46-49.

　　［32］顾祥伯，徐文星，等. 蒙特卡罗模拟风险分析中相关模型的建
立［J］. 石油化工设计，2007，24（4）：52-54.

　　［33］陈洁金. 下穿既有设施城市隧道施工风险管理与系统开发
［D］. 长沙：中南大学，2009.

　　［34］席一凡. 工程项目风险评价模型研究［J］. 灾害学，2009（9）：
89-93.

　　［35］项贻强，吴强强，等. 基于 AHP-FCE 模型的桥梁设计风险评
估研究［J］. 土木工程学报，2010（2）：274-28.

　　［36］王秀云. 国际总承包项目费用风险量化分析与管理［J］. 国际
经济合作，2011（2）：59-63.

［37］胡树华．功能参数与设计成本的关联分析［J］．机械设计，1993.

［38］厉正平．产品成本估算策略及降低成本的设计方法研究［D］．杭州：浙江大学，1996.

［39］荆冰彬．面向市场的商品化设计研究［D］．西安：西安理工大学，1999.

［40］赵亮，冯培恩，潘双夏．面向产品设计的成本工程系统方法与技术的研究［J］．计算机辅助设计与图形学学报，2001（2）：3－7.

［41］王英杰，李立解．用成本加权系数法反求装配零件的尺寸公差［J］．机械设计，1992.

［42］杨颖，汪劲松，等．公差设计与制造成本［J］．制造技术与机床，2000：2.

［43］方红芳，何勇，吴昭同．基于田口质量观的并行公差设计研究［J］．机械设计，1998.

［44］袁清坷，曹岩，刘宁，等．产品设计质量综合评价理论与体系的研究［J］．中国机械工程，1998.

［45］张祖明．生产成本的可靠性优化设计［J］．机械工程，1991，2（3）：15－18.

［46］王秋良．建筑业绿色供应链管理优化问题研究［D］．大连：大连理工大学，2012.

［47］申琪玉，李惠强．绿色施工应用价值研究［J］．施工技术，2005，34（11）：60－62.

［48］何瑞丰，赵泽俊．我国绿色施工的发展现状与实施途径［J］．广西工学院学报，2007，18（增刊1）：77－78.

［49］张立山，孟德光，朱天志，等．影响我国绿色施工发展的原因及策略（综述）［J］．河北科技师范学院学报，2008，22（3）：78－80.

［50］阅小波．绿色施工在我国建筑业的应用探讨［J］．现代商贸工

业，2010（13）：365 – 366.

［51］方俊，杨家和．我国绿色施工评价指标体系初探［J］．建筑经济，2007（6）：224 – 226.

［52］陈晓红．基于层次分析法的绿色施工评价［J］．施工技术，2006，35（11）：85 – 89.

［53］刘贵文，徐鹏鹏．基于模糊综合评判的绿色施工评价体系研究［J］．生态经济（学术版），2007（9）：31 – 33.

［54］陈建国，闪洲源．基于 BP 人工神经网络的绿色施工评价方法研究［J］．基建优化，2007，28（5）：169 – 172.

［55］黄喜兵，黄庆，武小菲．绿色施工的模糊综合评价［J］．西南交通大学学报，2008，43（2）：292 – 296.

［56］杨韬，余承华，范珉，等．基于灰色聚类法的绿色施工评价［J］．四川建筑科学研究，2008，34（6）：223 – 227.

［57］李美云，范参良．绿色施工评价指标体系研究［J］．工程建设，2008，40（1）：56 – 60.

［58］卜利民，纪宁灵．两种绿色施工评价方法的分析比较［J］．工程质量，2010，28（1）：64 – 68.

［59］肖绪文，冯大阔．我国推进绿色建造的意义与策略［J］．施工技术，2013（3）：32 – 35.

［60］李惠玲，刘喜格，李莉．建筑工程绿色施工综合评标指标体系研究［J］．沈阳建筑大学学报（社会科学版），2012（1）：18 – 22.

［61］刘年平．煤矿安全生产风险预警研究［D］．重庆：重庆大学，2012.

［62］高中海．我国企业技术创新影响因素的系统研究［D］．南京：河海大学，2005.

［63］安凤军．中国二十二冶集团施工项目成本控制研究［D］．秦皇岛：燕山大学，2013.

[64] 赛云秀. 工程项目控制与协调机理研究 [D]. 西安：西安建筑科技大学，2005.

[65] 夏鑫，隋英杰. 建筑施工企业安全成本优化和控制的策略构想 [J]. 建筑经济，2007（5）：94-96.

[66] 胡期光，唐浩，梁雪莹. 天津乡镇工业建筑的绿色优化策略 [J]. 工业建筑，2012，42（3）：64-67.

[67] 申琪玉，刘荣英. 建筑企业要大力推行绿色管理 [J]. 建筑经济，2004（8）：51-53.

[68] 申琪玉. 绿色建造理论与施工环境负荷评价研究 [D]. 武汉：华中科技大学，2007.

[69] 崔杰. 深圳华美1450单机架可逆式冷轧机本体机械设备安装施工技术 [J]. 经营管理者，2011（10）：343-345.

[70] 王惠文. 偏最小二乘回归方法及其应用 [M]. 北京：国防工业出版社，1999：12.

[71] 张恒喜，郭基联，朱家元，等. 小样本多元数据分析方法和应用 [M]. 西安：西北工业大学出版社，2002：18.

[72] 刘睿. 国际大型土木工程承包项目投标风险定量评估 [D]. 天津：天津大学，2003.

[73] 华尔天. 产品满意度理论及在机电产品创新设计中的应用 [D]. 上海：上海大学，2006.

[74] 张利飞. 软件企业R&D人力资本投资风险预警研究 [D]. 长沙：湖南大学，2006.

[75] 罗云. 安全经济学 [M]. 北京：化学工业出版社，2004.

[76] 周高平. 基础设施项目投资风险预警阈值研究 [J]. 公路，2006（2）：100-103.

[77] 詹静. 新车型导入项目风险管理研究 [D]. 湘潭：湘潭大学，2007.

［78］单美丽．高新技术项目投资风险的分析与评价［D］．鞍山：辽宁科技大学，2006．

［79］王心发．国际工程项目风险分析与控制［D］．合肥：合肥工业大学，2005．

［80］王俊河．华晨总承包项目风险管理研究［D］．大连：大连理工大学，2008．

［81］李强．我国企业 ERP 实施的过程控制研究［D］．武汉：华中科技大学，2005．

［82］钟玉平．国际水电工程 EPC 项目实施风险管理［D］．长沙：国防科学技术大学，2007．

［83］乔桂明．货币危机预警理论及实证比较研究［互联网］．http：//www. studa. net/jinrong/080917/11084984. html，2008．

［84］李晓宾．中色公司 EPC 项目风险评价研究［D］．西安：西安建筑科技大学，2010．

［85］王宝．航电枢纽工程项目决策阶段风险管理研究［D］．长沙：长沙理工大学，2005．

［86］赵桂平．我国对外工程承包企业国际工程项目风险管理研究［D］．济南：山东大学，2006．

［87］韩伟．城市基础设施投融资企业战略性组织创新研究［D］．天津：天津大学，2006．

［88］周迅．基于模糊评价的工程项目风险管理研究［D］．天津：天津大学，2008．

［89］吴兆明．IT 企业项目管理成熟度评价模型研究［D］．杭州：江南大学，2008．

［90］解志良．国际电力承包工程投标策略与风险管理研究［D］．杭州：浙江大学，2010．

［91］贾颖．石化行业 HSE 体系实施中的有效性评估研究［D］．沈

阳：沈阳航空航天大学，2011.

[92] 曹川川．临安山核桃区域品牌提升策略研究 [D]．杭州：浙江农林大学，2012.

[93] 刘淑侠．国际工程项目投标阶段风险管理研究 [D]．济南：山东大学，2012.

[94] 孙时晓．技术引进项目风险管理的研究 [D]．北京：北京交通大学，2006.

[95] 张伟．国际工程项目的风险管理研究 [D]．天津：天津大学，2004.

[96] 付红桥．网络化协同设计的若干关键技术的研究及应用 [D]．重庆：重庆大学，2004.

[97] 陈建梁．银行业风险评估理论模型与实证 [M]．广州：广东人民出版社，2002.

[98] 郑培．动态供应链绩效评价方法研究 [D]．长沙：湖南大学，2008.

[99] 徐瑞卿．基于盲数的市场环境下电网规划 [D]．北京：北京交通大学，2007.

[100] 徐娟．物流外包风险分析与控制策略研究 [D]．武汉：华中科技大学，2007.

[101] 杨头平．企业物流系统成本分析与控制优化研究 [D]．武汉：华中科技大学，2008.

[102] 柴天姿．基于系统动力学的第三方物流成本建模与仿真研究 [D]．天津：河北工业大学，2006.

[103] 倪皓．南京理工大学监控项目实施管理研究 [D]．南京：南京理工大学，2009.

[104] 徐顾洲．建设工程施工项目目标集成管理研究 [D]．北京：北京交通大学，2010.

[105] 蔡晨晓．浅析建筑工程项目的成本控制［J］．中小企业管理与科技（上旬刊），2011，(8)：109－110.

[106] 沈曾勃，任学军，蒋学茂．高层型钢钢筋混凝土结构二次设计施工技术［J］．建筑技术，2007，38（5）：335－338.

[107] 韩晓明，荆建刚，姚建文．型钢混凝土组合结构施工技术［J］．陕西建筑，2013（222）：18－22.

[108] 陈文杰．工程项目中的风险评估研究［D］．保定：华北电力大学，2008.

[109] 李妍．M公司第三方物流供应商服务质量评价方法的研究［D］．上海：华东理工，2012.

[110] 丁小峰．核电项目前期风险管理研究［D］．北京：华北电力大学，2009.

[111] 陈研芳．关于工程项目风险管理问题研究［D］．辽宁：东北财经大学，2006.

[112] 郑知斌．城市浅埋暗挖法隧道风险辨识及控制技术研究［D］．北京：北京市政工程研究院，2009.

[113] 张涵．水底输气隧道施工风险评估［D］．成都：西南交通大学，2010.

[114] 王璁．风云四号气象卫星总装过程的风险管理策略研究［D］．上海：华东理工大学，2010.

[115] 蓝信军．长期电力负荷预测的模糊数学方法研究［D］．长沙：湖南大学，2004.

[116] 孙莉莉．油品调合优化问题的模糊规划模型及其求解［D］．青岛：中国石油大学，2007.

[117] 牛燕影．模糊规划与模糊支持系统：第六届中国青年运筹与管理学者大会论文集［C］．2004.

[118] 关罡．中国住宅工程质量问题的循证管理方法研究［D］．西

安：西安建筑科技大学，2008.

[119] 刘志明. USB 总线任意波形发生器的研究 [D]. 北京：北京交通大学，2006.

[120] 张金玉. 绿色建筑管理模式研究 [D]. 青岛：山东科技大学，2009.

[121] 吴清梅. 大型公共建筑绿色评价研究 [D]. 重庆：重庆大学，2011.

[122] 李戈. 绿色建筑与绿色技术 [J]. 科技信息（学术研究），2007（8）：50-52.

[123] 文炜，丁丽娟. 浅谈绿色建筑与绿色技术 [J]. 科技广场，2008（9）：245-246.

[124] 负慧星，冉云. 可持续发展的绿色建筑 [J]. 山西建筑，2011，37（4）：2-4.

[125] 张洪霞，王贵林，董少文. 包头金融文化中心（Ⅰ标段）酒店式写字楼工程钢骨柱安装技术 [J]. 科技信息，2013（1）：372-374.

[126] 刘华. 大型工程项目成本风险管理研究 [D]. 长沙：中南林学院，2005.

[127] 刘葵. 铜带坯水平连铸生产线电气项目风险管理研究 [D]. 北京：北京邮电大学，2009.

[128] 相楠. 房地产项目投资风险分析及监控 [D]. 杭州：浙江大学，2010.

[129] 张怡彬. 德勤81号船舶融资租赁项目风险管理研究 [D]. 南京：南京理工大学，2010.

[130] 刘淑娟. 基于环境友好的大型工程建设项目的绩效评价方法研究 [D]. 武汉：武汉理工大学，2009.

[131] 李国伟. 中国石油企业海外经营风险预警机制研究 [D]. 北京：中国政法大学，2009.

［132］胡晏齐．企业信息化项目 ERP 实施风险的层次模糊综合评价研究［D］．成都：西南财经大学，2007.

［133］袁飞云．五指山隧道工程风险管理［D］．成都：西南交通大学，2007.

［134］熊杰．快速消费品制造企业与第三方物流企业共生关系与共生能量研究［D］．杭州：杭州电子科技大学，2011.

［135］（美）埃迪·克雷盖尔，布拉德利·尼斯．绿色 BIM［M］．北京：中国建筑工业出版社，2016：3 - 20.

［136］王俊根．EPC 总承包模式下的绿色施工管理［J］．工业建筑，2013（43）：868 - 870.

［137］段恺，赵文海，梁红兵，等．《建筑业 10 项新技术》（2010版）之绿色施工技术［J］．施工技术，2011（3）：38 - 42.

［138］武瑞．从"绿色建筑"理念看冶金工厂建筑设计［J］．工业建筑，2011（12）：150 - 153.

［139］毛志兵，于震平．关于推进我国绿色建造发展若干问题的思考［J］．施工技术，2014（1）：14 - 16.

［140］肖绪文，冯大阔．建筑工程绿色施工现状分析及推动建议［J］．施工技术，2013（1）：12 - 15.

［141］单朝霞．践行绿色施工理念，推动节能降耗工作［J］．工程技术，2013（3）：81 - 82.

［142］崔景山，王东，刘飞，等．绿色施工"十化"在施工项目管理中的应用［J］．施工技术，2012（11）：4 - 7.

［143］XuT, Tiong R L K. Risk Assessment on Constructor's Pricing Strategies［J］. Journal of Construction Management, 2000：14 - 19.

［144］J. H. M. Tah, V. Carr. Towards a frameword for project risk knowledge management in construction supply chain［J］. Advance in Engineering Software, 2001（32）：835 - 846.

［145］V. Carr, J. H. M. Tah. A fuzzy approach to construction project risk assessment and analysis: construction project risk management system ［J］. Advances in Engineering Software, 2002（32）: 847 - 85.

［146］Fiona D. Patterson, Kevin Neailey. A Risk Register Database System to aid the management of project risk ［J］. International journal of project management, 2002（20）: 365 - 374.

［147］Kliem R L, Ludin I S. Reducing Project Risk ［M］. Gower, 1997: 82 - 93.

［148］Flanagan R, Norman G. Risk Management and construction Blackwell Scientific ［M］. UK, 1993.

［149］Fang Dongping. Patrick Sik - wah Fang, Li Mingen. Risk Assessment Model of Tendering for Chinese Building Projeets ［J］. Journal of Construction Engineering and Management, 2004: 862 - 869.

［150］David B. Ashley, M. ASCE, Joseph J. Bonner. Political risks in international construction. Journal of Construction Engineering and Management, 1987, Vol. 113, pp. 447 - 467.

［151］He Zhi. Risk management for overseas construction projects. International Journal of Project Management, 1995, Vol. 13, No. 4, pp. 231 - 237.

［152］Han, Diekmann. "Approaches for making risk - based gono go decision for internationalprojects", International Conference on Electronic Commerce and Business Intelligence, 2009, pp. 459 - 462.

［153］Jiahao Zeng, Min An, Nigel John Smith. Application of Fuzzy based decision making methodology to construction project risk assessment ［J］. Projeet Management, 2007（8）: 589 - 600.

［154］Irem Dikmen, M Talat Birgonul, Sedat Han. Using fuzzy risk assessment to rate cost overrun risk in international construction projects ［J］. International Journal of Project Management, 2007: 494 - 505.

［155］He Zhi. Risk management for overseas construction projects. International Journal ofProject Management, 1995, Vol. 13, No. 4, pp. 231 – 237.

［156］Han, Diekmann. "Approaches for making risk – based gono go decision for international projects", International Conference on Electronic Commerce and Business Intelligence, 2009, pp. 459 – 462.

［157］Francis K, Adams. Risk perception and Bayesian analysis of international constructioncontract risks: The case of payment delays in a developing economy. International Journal ofProject Management, 2008, (26), pp. 138 – 148.

［158］Wang SQ, Dulaimi MF, Aguria MY. Risk Management Framework for ConstructionProjects in Developing Countries, Construction Management and Economics, 2004, vol. 22, pp. 237 – 252.

［159］G Pahl and W Beitz: Engineering Design, Springer – Verlag press, 1988.

［160］A. C. Thornton: Variation risk Management Using Modeling and Simulation, Journal of Mechanical Design (ASME), June1999, Vol. 121 – 297.

［161］C. F. Kirschman, G. M. Fadel: Classifing Functions for Mechanical Design (ASME), September1996, Vol. 120 – 475.

［162］S. Coulter, B. Bras, G. Winslow, ete: Designing for Material separation: Lessons From Automotive Recycling, Journal of Mechanical Design (ASME), september1998, Vol. 120 – 50l.

［163］M. S. Hundal: product Costing: A Comparison of Conventional and Activity – based Costing M ethods, Journal of Engineering Design, Vol. 8, No. l, 1997.

［164］Morris A. Cohen and Seungjin Whang: Competing in Product and Service: A product life – Cycle Model, Management Science, Vol. 43, No. 4, 1997.

［165］Barry L. Bayus: An Analysis of product lifetimes in a Technologically Dynamic Industry, Management Science, Vol. 44, No. 6, 1998.

[166] W. Chen, C. Yuan: A Probabilistie – Based Design Model for A-chieving Flexibility in Design, Journal of Mechanical Design (ASME), Mareh1999, Vol. 121 –77.

[167] A. C. Thornton: Variation risk Management Using Modeling and Sim-ulation, Journal of Mechanical Design (ASME), June1999, Vol. 121 –297.

[168] L. H. Shu, W. C. Flowers: Reliability Modeling in Design for Re-manufacture, Journal of Mechanical Design (ASME), December 1998, Vol. 120 –620.

[169] Mark T. Chen and PECCE: Simplified Project Economic Evaluation, Cost Engineering, 1998: 1.

[170] Olli Varis: A beliof network approach to optimization and Parameter estimation: application to resource and environmental management, Artificial In-telligence, 101 (1998).

[171] P A Van Elsas, J S M Vergeest: Displacement feature modeling for conceptual design, Computer Aided Design, 1998, Vol. 30 No. l.

[172] P. G. Maropoulos: Aggregate product and Process Modeling for the Welding of Complex Fabrications, Annals of CIRP Vol. 48/1/999.

[173] Guangming Zhang and Stephen C – Y Lu, An Expert Approach for Economic Evaluation of Machining Operation Planning, Artifieial Intelligence Applications in Manufacturing, the AAAI Press, 1992.

[174] Timothy Carter, Andrew Keeler. Life – cycle cost – benefit analysis of extensive vegetated roof systems, Journal of Environmental Management 2008 (87): 350 –363.

[175] Osman Ayet , Ries Robert. Life – cycle impact analysis of energy systems for buildings, Journal of Infrastructure Systems, Sustainable Develop-ment and Infrastructure Systems, 2004, 10 (3): 87 –97.

[176] Weimin Wang, Hugues Rivard, Radu Zmeureanu. Floor shape op-

timization for green building design, Advanced Engineering Informatics, 2006 (20): 363 - 378.

[177] Ed Bartlett, Nigel Howard, Informing the decision makers on the cost and value of green building, Building Research & Information, 2000, 28 (5): 315 - 324.

[178] William N. Goetzmann , Ravi Dhar. Institutional Perspectives on Real Estate Investing: The Role of Risk and Uncertainty. Yale ICF Working Paper No. 5 - 20.

[179] Altman. Financial Ratios Discriminant Analysis and Prediction of Corporate Bankruptcy. Journal of Finance, 1968, 23 (4): 589 - 609.

[180] Aziz E L. Bank Prediction: Investigation of Cash Flow Based Models. Journal of Management Studies, 1988, 25 (5): 419 - 437.

[181] Laitinen E K, Chong H G. Early Warning System for Crisis in SMEs: Preliminary Evidence from Finland and the UK. Journal of Small Business and Enterprise Development, 1999, 6 (1): 89 - 102.

后　记

本书是在作者的博士论文和主持的多个科研项目的基础上进一步深入研究和整理完成的。本书在编写过程中受到了西安石油大学优秀学术著作出版基金、土木工程学院、陕西省高校能源项目管理与创新战略智库、教育部产学研项目"西安石油大学 BIM 实训基地建设"（202002256048）、陕西省教育厅专项科研计划"陕西省农村基础设施建设协调发展研究"（17JK0588）、西安石油大学青年科技创新基金项目"陕西省新型城镇化建设绿色建筑评价评价标准优化研究"（Z16094）、2020 年页岩油开发全生命周期项目管理研究（050039 - 1）等项目的资助。

中国提出碳达峰、碳中和目标（以下简称"双碳"目标）既是积极应对全球气候变化、作为负责任大国的使命担当所在，也是实现高质量发展的内在要求。而传统建筑业作为能源消耗的三大产业之一，其粗犷的发展方式成为我国国民经济发展和资源集约利用的巨大负担。伴随我国新型城镇化进程的持续推进，建筑业将在未来较长的一段时间内保持高位发展，对资源的需求短期不会降低，因此，推广全生命周期能耗低的绿色建筑既是传统建筑业转型升级的重要突破口，也是可持续发展的客观要求。

冶金工业项目体量庞大、投资额巨大、施工工艺复杂，随着国家对环境政策的进一步收紧，相对较落后的资源高消耗与能源高投入的生产工艺与国家的环境政策已经产生了不可调和的矛盾，而且面对我国钢铁行业产能过剩的现状，大规模的新建、改扩建钢厂已经成为历史，冶金建设行业也面临着激烈的市场竞争，如何在适应国家环境政策与自身利润空间收缩的基础上，改造与提升绿色施工工艺成为一个迫切需要解决的难题，本书就是在这个现实情况的基础上进行研究的。

在本书的写作过程中，得到了许多良师益友的精心指导和热心帮助。感谢我的博士生导师李慧民教授，对本书提出了许多宝贵的修改建议。感谢西安石油大学土木工程学院院长李俊亭教授、董鸣皋副教授、徐静博士、牛波博士在本书写作过程中提供的意见和建议。感谢西安石油大学经济管理学院王岚副教授、张优智副教授提供的无私帮助。

同时感谢西安石油大学科技处各位同事的热情帮助，感谢中国金融出版社赵晨子等编辑对本书提供的巨大帮助。

最后感谢我的妻子王凌君女士和女儿尹若蘅，是你们为我提供了一个温馨的家庭氛围，让我能够不受生活琐事的影响，全心投入本书的写作中。

由于本人学术水平有限，本书难免有不当之处，敬请业内专家批评指正。